U1021229

重庆非通用语教学改革研究 2020

| 主　编　刘忠政

| 副主编　张惠美　白　纯

重庆大学出版社

内容提要

《重庆非通用语教学改革研究 2020》一书是在四川外国语大学重庆非通用语学院的教学改革研究课题成果的基础上进行编写的，主要聚焦高校非通用语教研活动，体现了现代教育理念和现代高等教育的发展趋势，书中内容包括非通用语人才培养模式、课程建设、教材建设以及教学内容与方式改革研究等。

图书在版编目(CIP)数据

重庆非通用语教学改革研究. 2020 / 刘忠政主编
. -- 重庆 : 重庆大学出版社, 2021.11
ISBN 978-7-5689-2513-6

Ⅰ. ①重… Ⅱ. ①刘… Ⅲ. ①高等学校—外语教学—教学改革—重庆—文集 Ⅳ. ①H09-53

中国版本图书馆 CIP 数据核字(2020)第 243755 号

重庆非通用语教学改革研究 2020
主 编 刘忠政
责任编辑:高小平 版式设计:高小平
责任校对:刘志刚 责任印制:赵 晟
*
重庆大学出版社出版发行
出版人:饶帮华
社址:重庆市沙坪坝区大学城西路 21 号
邮编:401331
电话:(023) 88617190 88617185(中小学)
传真:(023) 88617186 88617166
网址:http://www.cqup.com.cn
邮箱:fxk@cqup.com.cn (营销中心)
全国新华书店经销
重庆长虹印务有限公司印刷
*
开本:720mm×1020mm 1/16 印张:10.75 字数:156 千
2021 年 11 月第 1 版 2021 年 11 月第 1 次印刷
ISBN 978-7-5689-2513-6 定价:56.00 元

本书如有印刷、装订等质量问题，本社负责调换
版权所有，请勿擅自翻印和用本书
制作各类出版物及配套用书，违者必究

前　言

国家“一带一路”倡议的实施和重庆正在实施的“陆海新通道”战略，都对复合型非通用语人才的培养提出了更高的要求。随着对外合作机制的不断完善，“一带一路”建设工作的广泛推进，我国的战略重心正在从“引进来”向“走出去”转移。另一方面，重庆正联手西部多个省区市，共建“陆海新通道”，助推我国加快形成“陆海内外联动、东西双向互济”的对外开放格局，实现丝绸之路经济带和21世纪海上丝绸之路的有机衔接。国家层面与地方层面的共推，扩大了我国对非通用语种人才的需求。改革开放与经济全球化的影响，促使我国对非通用语种人才的需求从“为外事外交服务”的单一需求，逐渐转变为“通语言、晓国情、能应用”的复合型、应用型非通用语言人才需求。

为贯彻落实《重庆市科教兴市和人才强市行动计划》，试点院校正在开展重庆市高校国际化人文特色建设工作中的非通用语特色建设项目，着力打造中西部领先、全国一流的非通用语人才培养基地。以《普通高等学校本科专业类教学质量国家标准》和《重庆市教育委员会重庆市财政局关于开展重庆市高校国际化人文特色建设工作的通知》为基本理念，基于语言教学理论，主动对接国家“一带一路”背景下的发展需求，优化课程设置，更新教学内容，推动非通用语教学从“教得好”向“学得好”转变，实现非通用语专业特色发展。

四川外国语大学重庆非通用语学院（以下简称“学院”）是学校紧紧围绕习近平总书记对重庆提出的“两点”定位、“两地”“两高”目标和“四个扎实”要求，着眼于非通用语国际化人文特色建设，于2018年9月，与重庆市教育委员会共建的非通用语学院。截至2020年，学院共开设10个非通用语专业，实现东南亚、南亚、西亚、中东欧等“一带一路”沿线重要国家语种基本覆盖，打造西部领先的非通用语人才培养、智库研究、语言服务、文献资料、国际交流合作示范性基地。学院践行“外语+”理念，实行“非通用语+通用语”“非通用语+专业”“非通用语+国别研究”的人才培养路径，推动教学科研复合、理论实践复合、产学研用复合，培养复合型、应用型、国际化非通用语精英人才。

为务实推动非通用语专业教师开展教育教学改革研究，提高教学水平，培育高等教育优秀成果，培养高素质非通用语人才，学院特创设《重庆非通用语教学改革研究》，诚邀国内外相关领域的专家学者赐稿，共同探讨相关领域的重大理论和现实问题。我们坚信，通过一段时间的持续努力，将探索出一条非通用语专业教师进行教育教学改革研究的有效路径，培育出更多能切实担负起国家历史使命和社会责任的非通用语人才，更好地服务国家对外开放格局，更好地应对百年未有之大变局。

本书是重庆市高校国际化人文特色建设项目阶段性成果。

编　者

2020 年 10 月

CONTENTS
目 录

浅谈高校东南亚小语种在“一带一路”建设中的教学改革*

白　纯[①]　张惠美[②]　黄钇娴[③]

（四川外国语大学东方语言文化学院 重庆 400031）

摘要：文章以国家倡导的“一带一路”为基本的政策背景，立足于新时代中国与东南亚地区的新型合作发展趋势，探讨契合国家战略需求和满足当前国际形势下的高校东南亚小语种教学现状，以及教学改革措施，以解决当前高校东南亚小语种教育面临的困难。

关键词：“一带一路”　东南亚小语种专业　教学改革

随着我国“一带一路”的倡议在全世界范围内广受好评，合作国家越来越多，东南亚以其特殊的地缘优势、政治优势成为我国“一带一路”政策

---

* 本论文属 2020 年四川外国语大学教学改革研究项目 JY2062238 阶段性研究成果。

① 白纯，女，1993 年生，硕士，缅甸语专业教师。主要研究方向：缅甸语言文学、缅甸语教学研究、中缅人文交流。

② 张惠美，女，1990 年生，硕士，缅甸语专业教师。主要研究方向：缅甸语言文学、缅甸国别研究。

③ 黄钇娴，女，1995 年生，在读硕士，波兰语专业教师。主要研究方向：波兰语言文学、波兰语教学研究。

重点推进的地区。因此,我国也越加重视对东南亚语种人才的培养,东南亚语种教育迫切需要迅速发展。未来东南亚小语种新型人才的发展,将成为我国与东南亚各国进一步开展区域经济、政治、文化交流的重要辅助。

一、"一带一路"背景下高校东南亚小语种教学的重要性

在"一带一路"建设中,党和国家根据国际发展现状提出了"政策沟通、设施联通、贸易互通、资金融通、民心相通"的"五通"内容。"五通"其根本在于"民心相通",即本质上要先实现语言相通,其核心在于培养大批既通晓区域语言又熟知"一带一路"倡议重要性及沿线国家发展情况的复合型语言人才。因此,高校的小语种教学具有重要意义。

首先,高校小语种教学可以培养出符合国家与国际需求的相关语种的专业人才,进一步促进我国外语教学学科合理化、系统化,增强实用性;其次,高校小语种教学可以为国家提供优秀的翻译人才,帮助国家有序开展对外贸易活动,实现经济发展;再次,高校小语种教学还可以培养出专业的对外社交人才,在我国与东盟各国间政治活动、文化活动、经济活动中发挥才能,进一步稳固双方的政治关系,最终实现互信、互赢;最后,通过高校小语种教学,可以深入了解对象国国情文化、民俗文化、经济现状,有利于双方的文化交流和友好往来。

"一带一路"的制定与实施:第一,促进了我国经济和社会资源的优化配置;第二,发挥了我国在国际社会的领导作用;第三,对实现可持续发展具有重要作用。该倡议对我国高校教育提出了新的要求与任务,小语种教学跟随时代潮流也应当顺势发展。

二、当前高校东南亚小语种教学存在的问题

随着中国—东盟自由贸易区的成立,国家以及国际对新型东南亚小语种人才的需求量剧增,越来越多的高校纷纷开设相关语种专业。但不可否认,目前我国的东南亚语种教学普及度不高,教育水平参差不齐,这其中尤

为突出的问题是:通晓小语种的人才综合性专业水平不够,高精尖人才语言能力大多局限于英语。这些现实的问题迫使高校不得不进行大刀阔斧的教学改革,推进东南亚小语种教学方法与教学模式的产生,培养出更符合新时代新需求的新型语言人才。现分析当前高校东南亚小语种教学中存在的一些主要问题。

(一)师资力量不足

东南亚语种师资队伍存在发展不平衡、整体素质相对较低的现实问题。目前,东南亚语种专业平均每个语种只有四位教师,且高层次、高职称教师非常紧缺,有的专业只能以本科学历教师来开展教学任务。以我校缅甸语教研室为例,共有四名教师,其中两名为引进外教,只有两名中教,并且中教都是助教。很多高校小语种教研室都是类似的师资水平,这难以同时满足教学和科研工作的需要。

东南亚语种师资力量不足严重阻碍了扩大教育教学规模和高质量人才输出之间的平衡。与其他专业相比,外语类专业对教师有特殊的要求,专业课教授的最基本任务就是能够完成专业所有课程的教学,这就要求教师不能只局限于自身课程的教学,还要不断提升自我,能够完成综合教育任务。因此,重视教师队伍建设尤为重要,应加大对小语种教师的培养力度,鼓励教师边教边学,提升教师个人学历,树立职称意识。教育水平的提高,首要在于教师教学水平的提高,才能培养出优质的高水平东南亚小语种人才。

在新的大环境下,仅仅会语言教学的教师已经不能满足需求,而且要对对象国的历史、宗教、文化等方面具有广泛涉猎;不单单要精研语言文学,也要在其他学科领域储备一定的知识。对于学校来说,应加大教学投入,给予教师教学软硬件支持,加大教师科研奖励力度,多组织教师参与各类校际国际学术交流会,拓展教师视界,增强教师教育能力。

(二)学生理论与实践相脱离

从学生学习的角度来看,大学四年的时间学习一门新的语言其实是一件极具挑战的事情，大多数学生内心是比较恐慌的。现在的大学生已经进入“00后”，这一学生群体具有一定的叛逆性，同时思想观念多样化，但缺乏辨别意识，自我意识强烈，也不够独立。初入大学，面对新的环境和新的专业知识，会无从下手，从而缺乏学习主动性和自信心，或者难以找到正确的学习方法，从而严重阻碍专业学习，导致后期很难提升专业水平。

从教师教学的角度来看，应该意识到语言只是一门工具，要真正发挥它的作用还得应用于实践。只有在实践中互动学习，才能有效提高学生听、说、读、写、译的语言技能。因此，学校还应重视加强外语教学实践以及外语实践，打造更多的语言实训交流平台。作为小语种教师，要发挥自身带动作用，积极引导学生学习，可结合学院管理、专业教学情况，合理布置学生按时段完成实习实训计划书、实习反馈表等任务，并对实习实训的各个环节、阶段、进程进行监控和管理，[①]以此保障教学环节能够按质按量完成。同时鼓励学生积极参加各类语言演讲竞赛，参与相关活动的翻译、会务等服务活动，在实践活动中培养知识和语言运用能力，培养未来职业规划意识，为将来就业打下坚实基础。

（三）教材建设落后

东南亚语种教学使用教材存在种类数量少、内容旧的特点，有些语种甚至还没有完整的使用教材和词典工具书，目前小语种教材体系不够完善，教材建设欠缺，缺少标准。在新时代大背景下，现有的小语种教材已经不能够满足和适应当前的教育教学需求，而具有时代气息的教材严重不足。许多高校教师面临的问题是，一边找材料、一边整理材料、一边备课，同时还要编写教材，做大量课件。因此，小语种教学资源匮乏、单一也是教学活动中的一大难题。

关于教材问题，笔者认为可以从对象国引进知识结构合理、难易程度适中的原版教材。一旦语言类教材内容脱离了对象国文化背景，跟不上时

---

① 陈小光．加强校企合作，培养东南亚小语种应用型人才[J]．南宁职业技术学院学报，2007，12(4)：29-31.

代,固化的语言学习方式是不可能让学习者真正熟练掌握所学语言的,到实际应用中更是会产生生搬硬套的笑话。语言和文化是合而为一的,游离在文化之外,语言学习很难真正入门。原版教材无论是专业词汇的准确度、场景应用度,还是反映最新前沿动态的内容,都是最接近时代发展的。同时,整个教研室或者兄弟院校可配合外教,将原版教材系统性地改编为符合国内教学规律的配套教材,以供使用。总而言之,使用原版教材对提升学生的专业素养、双语思维、实际应用都具有巨大的优势。既能拓宽教学内容,使之更加接近生活应用,又能做到与国内外的课程内容相衔接,对语言教学的共同发展具有重要意义。

提到教材合作,虽各院系在课程的设置与教材的使用上各有侧重,但是培养东南亚语种复合型人才的目标基本一致,各院校间可以团队形式整合教材资源,加强教材合作,共同编写、更新小语种专业教材,不断推出内容新颖、题材多样化、与东南亚国际形势贴近、文化贴切,具有区域性与实践性特征的小语种出版物。

(四)人才培养模式单一

近几年来东南亚小语种人才培养方式较为单一,大多高校都是以语言教学为主,极少数高校创新了人才培养模式,渐渐开始出现一些新的人才培养模式,包括“语言+第二外语(英语)”“语言+专业”“语言+第二外语(英语)+专业”三种。经过近些年的实践证明,培养模式是比较符合时代需要的新模式。以上模式的共同点是以语言作为主专业,在打好语言基础的同时,辅修另一门专业技能,同时进一步提升英语水平。

四川外国语大学招生规模较小的非通用语种均采用复语、复专业培养模式。以缅甸语专业为例,采用复语(缅甸语+英语)、复专业[缅甸语+法学(国际经济法)、新闻学(国际新闻)、国际经济与贸易或汉语国际教育]培养模式,实行“2+1+1”的培养方式。学校为学生提供了四个选修专业作为辅修,大二学年开始进行复专业学习,同时大三学年到对象国学习一年。此外,云南师范大学云南华文学院对本院学生的培养模式也是较有特色的，云南华文学院在教学实践中要求：无论学生是什么专业，小语种辅修都必须纳入教学活动中，参与到"2+1+1"/"2+N+N"教学模式中。[①] 可见越来越多的高校正根据自身条件开始进行人才培养模式的变革，优化后的复语、复专业培养模式一定程度上能满足学生的多重需求，也能够满足国家国际市场对小语种人才的强大需求。

三、高校东南亚小语种教学改革中的几点思考

（一）执行小班教学模式

东南亚小语种专业在我国高校开设的专业中属于冷门专业，开设的高校较少，专业规模较小。但随着中国—东盟自由贸易区的建立以及中国—东盟博览会的举办，东南亚语种专业人才的需求随之而来，极大地促进了各高校抓紧开展建设各类小语种专业，拓展师资力量，并扩大招生数量。

众所周知，北京外国语大学一直以来都是2~4年招一届小语种学生，但只有极少数高校做到隔年招生或控制招生人数。部分高校一个班的学生人数控制在30人左右，并且按照高考分数一个专业一年就招收两个班级。适当增加学生数量是无可厚非的，但盲目增加会导致教学效果不可控。招生数量过多，目前的师资力量难以满足需求，教育教学质量参差不齐，学生学习质量得不到保障，进入社会之后的工作能力更加得不到保障。

以我校非通用语种专业为例，缅甸语、印地语、马来语等语种专业均实行隔年招生，且每年每语种只招收一个班级，每个班级不超过15名学生。这样的招生模式很好地控制了学生数量，也能实现教学资源最大化利用。小班教学模式的优势在于便于学院管理，教师可以充分了解各个学生对知识的掌握程度，有利于实现学生个性化发展，并可以严格督促每名学生的学习进度，师生间的沟通交流也比较灵活，基本能够实现一对一辅导，能够真正提高学习质量。外语教学过程中十分注重口语和听力的培养，在课

---

① 潘梦雯，龙文，周紫艳．云南高校东南亚小语种人才培养探析[J]．云南开放大学学报，2016，4(2)：66-69.

堂上时间是有限的，虽然安排有单独的听力课和口语课，但在人数较多的大班教学中很难真正锻炼到每一位学生的口语和听力能力。此外，小班教学还有氛围较为轻松、活跃的优势，对于语言教学十分有利，在这样的课堂氛围中学习有利于学生个人潜能的发挥。

建议严格控制招生数量，提高生源质量。整合现有教学师资力量，增强校际合作，大力开展教学合作，共享教学资源。此外可采取交换生制度，将高年级学生安排到其他学校进行教育教学活动，既能缓解师资力量不足，又能锻炼高年级学生的实践教学能力。

（二）优化专业课程设置

现今以及早期的小语种本科教育教学中，本科四年的专业课程过于集中在对象国语言，这样的语言教育模式下会导致学生进入社会后的竞争力不足。语言只是一门工具，它应该作为服务技能的重要工具。

近年来许多高校增设了有关对象国国情文化的专业课程，比如东南亚概况、中国与对象国关系，以及政治经济等方面的课程。教师应当注意的是，在大一、大二学年还是应当以语言基础为中心，开设一些了解对象国概况的课程即可。后两年到了专业语言提升阶段，可开设与所学外语对象国相关的课程，比如政治、经济、国际关系等。因此，在设置课程时，不能一味认为外语教学就是要以基础语言教学为主。学语言从对象国的历史、地理、文化、政治、经济、社会以及风土人情等方面入手，可以拓展学生思路，增加知识储备，一定程度上能促进他们外语水平的提高，增强语言运用能力，甚至有利于他们将来的工作。

（三）构建复合型人才培养模式

传统的小语种教学以“外语能力”为重点培养目标，对“综合能力”的兼顾不足，难以培养出满足社会需求的高端人才，因此需要对接国家战略和经济社会发展，设定新的专业培养理念，正确定位专业培养目标，找准专业方向和发展路径，大力推进“复语+复专业”人才培养模式的发展。人才培养目标需要从以往单一的专业型语言人才培养，逐步转向“语言+区域国别研究”的复合型、应用型人才培养，建立起新型东南亚小语种专业本科人才培养体系，对“一带一路”背景下更高层次的小语种人才培养体系的建立具有现实意义。

以往单一的语言人才培养模式已经无法满足“一带一路”大背景下对新型人才的需求。语言作为最直接的交流、传播工具，决定了各语种工作涉及行业的多样性，东南亚语种虽属小语种范畴，但其就业面也是较为广泛的。以缅甸语专业为例，目前缅甸语工作岗位主要涉及教育/培训、文化传媒、进出口贸易、专业服务（翻译、咨询、财会、人力资源）、电子商务、交通/运输/物流、机械/制造业/矿产开发等领域。高校在培养缅甸语专业学生时，主要以主专业缅甸语为重心，从而导致学生知识结构单一，实际应用能力薄弱，仅凭借其语言优势难以满足市场对缅甸语综合性人才的真正需求。因而，我校实行“缅甸语+英语”+“缅甸语+新闻学（国际新闻）、法学（国际经济法）、国际经济与贸易或汉语国际教育”，即“复语+复专业”的缅甸语人才培养方式。双外语教学模式将成为今后的语言教育大趋势，实行“缅甸语+英语”双外语复合型教学模式，注重学生语言实践能力培养，实施“2+1+1”培养模式，在校学生大三学年有机会去缅甸国内的大学中学习一年，结合理论然后实际应用，加深学生对缅甸政治经济文化的多方位了解。此外采用复专业培养方式，让学生对对象国有深入研究的同时，具备经贸、政治、法律、金融、传播等某一门专业知识，使专业学生的知识结构体系丰富化，并向精深化发展。这就使得缅甸语专业学生在学好本专业和英语的同时，结合学校的条件和自身职业规划需要选择辅修一门相关专业，在学生阶段优化、丰富自身的知识结构，从而提高社会竞争力，以满足社会对缅甸语人才的需求。

为推进“复语+复专业”人才培养方式的发展，高校应加强各专业和各学科之间的交叉和渗透，不仅增强学生在学校的学习能力，更要提高学生进入社会之后的社会竞争能力，以满足国内外对东南亚小语种人才的需求。为提高小语种人才的综合实力和竞争力，学校和学院应当在课程体系和内容上增强交流，共同探讨，促进学科间融合。这样既能提高学生自身知识素养，还能帮助他们在辅修课程中升华自身所学，从学科融合中获得新知，从而提高进入社会之后的综合竞争能力，以满足社会对东南亚小语种人才的需求。

（四）走国际化办学道路

在新的时代背景下，国际化办学成为大趋势。国际化发展需要结合自身国家状况，先由周边东南亚国家开始，顺应“一带一路”走向，增强国际办学的活跃性、长期性。“走出去”“引进来”政策不仅仅适用于经济建设，对于教育同样适用。目前，教育界“走出去”“引进来”的办学教学方式结合度不够，往往局限于某一方。“一带一路”倡议在教育方面给出了指导：建设“一带一路”沿线国家形成教育共同体。高校教学有了新的指导政策，各学校根据新形势并结合教育教学现状，努力做到“走出去”“引进来”的新结合。还需要拓展思路，同具有合作意向的东南亚国家进行教育教学的大胆尝试，推动教育共同体的形成，为“一带一路”建设提供综合性人才，为“一带一路”建设添砖加瓦。其中包括与对象国的相关高校建立长期合作的关系，以便给学生及老师提供到对象国学习深造的机会；从对象国引进具有丰富的小语种教学经验及对象国语言相关研究的师资力量，逐步增加外籍教师在专业教学中的比例。

（五）加强校企合作

校企合作一直都是高校教育的重要组成部分，加强校企合作，增加“企业行”活动，可以帮助学生了解所学知识今后在企业的实际应用状况。校企共建实践基地，学校为企业提供人才支持，企业为学校提供实践机会，校企共同为人才培养出力，共同享受新型人才培养模式带来的福利。

学习外语的最终目的是学以致用。随着我国与东盟国家日益增多的经贸合作，每年都会举办一些诸如东南亚文化节、进出口商品展销会之类的活动。这就给东南亚小语种的学习者提供了参与社会实践的好机会，高校可以与活动主办方建立合作关系，将这些活动拓展为小语种教学的实践基地。此外，我国的旅行社、酒店、旅游景点等服务性质行业对东南亚小语种人才的需求量也在日益增加，高校可以与相关企业、单位建立合作关系，在这些企业、单位建立第二课堂语言实训基地，为小语种学习者提供实训的机会，以提升他们的语言实际应用能力。学生在假期期间也可到合作单位进行顶岗实习，在毕业时再选择是否留在本单位继续工作，形成择人与择业的双向机制。

四、结语

总而言之，随着中国与东盟的合作不断加强，东南亚小语种人才的需求会不断增多，如何培养出应用型、复合型、研究型东南亚小语种人才，需要高校、政府以及社会多方面的共同重视。

“一带一路”建设工作的广泛推进，我国的战略重心正在从“引进来”向“走出去”转移。另外，重庆市正联手西部多个省区市，共建“陆海新通道”，助推我国加快形成“陆海内外联动、东西双向互济”的对外开放格局，实现丝绸之路经济带和 21 世纪海上丝绸之路的有机衔接。重庆市政府积极响应国家政策，紧紧围绕习近平总书记对重庆提出的“两点”定位、“两地”“两高”目标和“四个扎实”要求，着眼于非通用语国际化人文特色，于 2018 年 9 月与四川外国语大学共建重庆非通用语学院，并于 2019 年在重庆非通用语学院增设缅甸语专业，2021 年 1 月起缅甸语专业属东方语言文化学院。作为西南地区唯一一所外语院校，主要任务之一就是培养西南地区发展战略急需的高水平人才。因此，包括四川外国语大学在内的所有院校，都应该意识到所承担的社会责任，不断加强专业学科建设，确保教学活动稳步发展，培养出更多优秀的应用型、复合型、研究型小语种人才。

“一带一路”背景下中国高校非通用语人才培养模式国际化路径探究*

杨　琳[①]　韩呼和[②]

（四川外国语大学东方语言文化学院 重庆 400031）

摘要:“一带一路”倡议的推进与落实对我国非通用语人才培养的规模与质量提出了新的要求,我国亟须培养具备语言能力,通晓对象国国情文化,能够进行跨文化交流,同时具备国际化视野,能够参与国际性竞争与合作的高层次复合型国际化非通用语人才。本文通过分析当前我国外语院校实行的“复语”“复专业”人才培养模式,结合国内外非通用语人才培养模式改革经验,探索非通用语人才培养模式国际化路径。

关键词:非通用语　人才培养模式　国际化　区域国别研究

---

*　基金项目:四川外国语大学2020年校级教学改革研究项目“一带一路”背景下中国高校马来语人才培养模式改革研究”(项目编号:JY2062240)、四川外国语大学重庆非通用语学院研究项目“一带一路”视域下中国马来语+区域国别培养模式研究”(项目编号:JG201901)。

①　杨琳,女,1995年生,硕士,马来语专业教师。主要研究方向:东南亚文化、马来语教学。

②　韩呼和,男,1996年生,硕士,马来语专业教师。主要研究方向:东南亚社会文化、马来语教学。

一、引言

随着“一带一路”合作倡议的推进，为了促进我国与其他国家的友好交往、实现民心相通，“一带一路”沿线国家的非通用语人才以及相关区域国别研究人才培养越发受到重视。部分学者提出，在参与全球治理、推进“一带一路”合作倡议的过程中，中国需要与世界各国进行交流、竞争与合作。[①] 在此背景下，国家的语言能力建设尤为重要[②③]，尤其是要将建设重点放在加强非通用语人才培养上。[④]

“一带一路”倡议的落实对于中国非通用语教育中的语种数量、人才质量都有了更高的要求。“一带一路”沿线国家的官方语言超过四十余种非通用语，相关外语专业尚未做到全覆盖，非通用语人才培养数量、质量与类型还存在明显问题。[⑤] 在国家战略层面上，教育部近年来十分关注非通用语人才以及相关区域国别人才培养，统筹规划外语专业发展，加强国家语言能力建设。[⑥] 对于外语院校而言，这也是一个难得的机遇与挑战，各高校结合新时代的发展需求，在专业建设、人才培养、学术研究方面纷纷推陈出新，将人才培养与国家发展紧密结合，创新外语人才培养模式、探索新型发展路径。本文主要探讨在“一带一路”背景下，针对国家对于具有国际化视野的复合型非通用语人才的需求，分析当前非通用语人才培养模

---

① 郑咏滟. 综合性大学外语专业复语人才培养探索：以复旦大学英西双语模式为例[J]. 外语教育研究前沿，2020，3(1)：8-14，86.

② 李宇明. 提升国家语言能力的若干思考[J]. 南开语言学刊，2011(1)：1-8，180.

③ 文秋芳. 国家语言能力的内涵及其评价指标[J]. 云南师范大学学报(哲学社会科学版)，2016，48(2)：23-31.

④ 张天伟. 国家语言能力视角下的我国非通用语教育：问题与对策[J]. 外语界，2017(2)：44-52.

⑤ 文秋芳. “一带一路”语言人才的培养[J]. 语言战略研究，2016(2)：26-32.

⑥ 沈骑，鲍敏. 改革开放以来的中国外语教育规划[J]. 语言战略研究，2018，3(5)：21-31.

式，从国际交流合作、国际化视野、区域国别研究三个方面探索中国高校非通用语人才培养模式的国际化路径。

二、当前中国非通用语人才培养模式

我国对于非通用语的定义通常指除了联合国6种工作语言，即汉语、英语、法语、俄语、阿拉伯语、西班牙语，以及德语与日语之外的其他语言，本文中的“非通用语”即采用以上定义。非通用语教育已在中国发展70余年，其人才培养模式随着社会需求、国际形势的变化不断发展，从单一式的人才培养模式到双语培养模式、委托培养模式、国内外联合培养模式，乃至当前的“复语”“复合型”人才培养模式等[①②]，人才培养理念从工具性的语言技能训练转变为综合性的跨学科培养。[③]

中华人民共和国成立初期，外语人才培养模式单一，以语言技能训练为主，主要目的是培养外交、翻译人才。随着新中国建交国家数量不断上升，欧洲、亚非拉国家的外语人才需求大量增长，俄语教学不再“一枝独秀”[④]，其他外语专业得到重视，开始迅速发展。在20世纪80年代中期，就已经有了培养复合型外语人才的呼声，部分外语院校开始尝试探索复合型外语人才培养模式。[⑤⑥] 随着改革开放的不断推进，市场经济持续发展，

---

① 李淑杰. 我国专门用途非通用语人才培养模式及教学研究[J]. 外语教育研究，2017，5(2)：31-35.

② 苏莹莹. “一带一路”非通用语人才培养模式的思考与探索[J]. 中国外语教育，2017，10(2)：3-7，95.

③ 沈骑. “一带一路”倡议下国家外语能力建设的战略转型[J]. 云南师范大学学报（哲学社会科学版），2015，47(5)：9-13.

④ 沈骑. 新中国外语教育规划70年：范式变迁与战略转型[J]. 新疆师范大学学报（哲学社会科学版），2019，40(5)：68-77.

⑤ 沈骑，鲍敏. 改革开放以来的中国外语教育规划[J]. 语言战略研究，2018，3(5)：21-31.

⑥ 曹德明. 高等外语院校国际化外语人才培养的若干思考[J]. 外语教学理论与实践，2011(3)：1-5.

在中国向世界“走出去”的时代背景下，出于社会、经济全面发展需要，复合型外语人才市场需求度越来越高。[①] 2010 年以来，国家加大了对于各类外语人才与高层次外语人才的培养力度。2014 年，教育部召开全国留学工作会议，次年印发了《教育部关于加强外语非通用语种人才培养工作的实施意见》，要求培养国家急需的非通用语种人才、国际组织人才、国别和区域研究人才等，满足新时代背景下“一带一路”倡议推进落实的现实需要。响应时代要求，“复语”“复合型”模式已成为目前各外语院校的主要非通用语人才培养模式。

“复语”通常指非通用语专业学生除了本专业之外，再修读一门通用语，或是在学习一门通用语的同时，根据人才培养方向，再修读一门非通用语；此外，还有“非通用语+非通用语”的人才培养模式；根据第二外语/第三外语修读时间以及修读要求的不同，还可分为双外语教学、主辅修模式等。[②]

首先，“非通用语+通用语”人才培养模式要求非通用语专业学生在本专业之外再接受一门通用语（通常是英语）专业教育。英语作为最常用的国际通用语，其语言地位仍然无法被其他语言所取代。从国家层面而言，随着“一带一路”倡议的不断推进，我国在与多个国家进行社会、文化、经济、外交等全方位交流时，有可能会面临各个国家之间语言差距过大的问题，此时英语可以成为所有国家的语言交流媒介，有助于维护多边关系、高效处理国际事务。[③]而在当前全球化经济态势下，市场对于外语人才的需求也不仅限于熟练掌握一门非通用语，尤其是在处理国际贸易往来事务时，英语仍然是常用的工作语言之一。因此，如果非通用语人才在掌握对象国语言的同时还能熟练使用英语作为工作语言，会更符合当今社会发展

① 沈骑．新中国外语教育规划 70 年：范式变迁与战略转型[J]．新疆师范大学学报（哲学社会科学版），2019，40(5)：68-77.

②③ 张卫国，胡瑞．“非通用语+英语”双外语本科人才培养模式的探索与思考：以东南亚、南亚语种为例[J]．教育教学论坛，2016(47)：142-143.

需求，在进入人才市场时可能会拥有相对较多的就业机会。[①] 此种培养模式兼顾了国家需求、市场需求及毕业生个人需求，成为许多外语院校的主要人才培养模式之一，其成功实践经验值得借鉴。例如，北京外国语大学、广东外语外贸大学、四川外国语大学重庆非通用语学院等院校都实行了“非通用语+英语”培养模式。

其次，部分院校采用了“非通用语+非通用语”人才培养模式，即学生除了本专业之外，再选择另外一门非通用语（通常是相近的语种）作为第二外语或选修课程。由于受到历史、文化或地缘等因素影响，部分非通用语与另一非通用语在语言学层面上较为相近，如马来语/印尼语、印地语/乌尔都语等。[②] 在学习本专业语言时，出于语言对比研究或区域国别研究教育需要，部分外语院校会以第二或第三外语的形式将相近语种提供给学生作为公共选修课进行修读。例如同时开设了马来语专业和印尼语专业的北京外国语大学就曾将印尼语作为第三外语[③]提供给学生选修，学生可以选择修读一个学期或一个学年。有时受到平台或师资力量限制，部分外语院校无法开设相应的第二/第三外语选修课，则非通用语专业可能会在高年级的课程中设置语言发展课程。以上海外国语大学为例，印地语专业在大三开设过为期一个学期的“乌尔都语基础”专业选修课，主要教授乌尔都语发音、书写、语法及口语表达等内容。[④]

“非通用语+非通用语”人才培养模式通过教授相近语种，能够提高学生对于本专业语言的学习效果，同时可以进一步加强学生的复语能力和跨文化比较能力，培养学生的区域国别研究潜力。但另一方面，为了达到相

---

① 郑咏滟. 综合性大学外语专业复语人才培养探索：以复旦大学英西双语模式为例[J]. 外语教育研究前沿，2020，3(1)：8-14，86.

② 蒲白璐. 论“印地语+乌尔都”非通用语人才培养[J]. 管理观察，2019(14)：121-122.

③ 北京外国语大学非通用语专业学生的第二外语是英语。

④ 蒲白璐. 论“印地语+乌尔都”非通用语人才培养[J]. 管理观察，2019(14)：121-122.

应的人才培养效果,实行此人才培养模式所面临的问题也较为明显。第一,“非通用语+非通用语”人才培养模式对于外语院校的要求较高。该院校必须同时设有相近语种,具备成熟的师资队伍,对两种语言及其对象国有相当程度的了解,能够胜任两种非通用语的专业教学,才能从语言学、区域国别研究等角度对两个语种及其对象国进行比较和授课,否则无法达到较好的教学效果。第二,学生负担较重。非通用语学习一般都是从零基础开始,在本科四年内掌握好一门非通用语已经十分具有挑战性。① 虽然学习的是相近语种,但两种非通用语受到不同社会文化的影响、语言发展历程不一,为了达到较好的学习效果,学生仍然需要付出大量的时间。而在学习两种非通用语的同时,可能还需兼顾专业的英语学习。因此,如何保证应有的学习效果,对于学校、老师和学生而言,都是巨大的挑战。第三,缺乏合适的考核标准。如果院校将相近语种作为第二/第三外语在院级或校级层面开设,对于零基础的学生和有相近语种学习基础的学生是否应该设置不同的能力要求和考核标准,否则很有可能无法满足已有相关语言基础的学生的需求。从这一角度出发,对于非通用语专业学生而言,将相近语种作为本专业高年级选修课开设可能是在师资力量和课程设置允许的情况下较为合适的选择。

“复语”“复合型”人才培养模式是当前非通用语人才培养的主要模式,通常各外语院校会有机结合两种培养模式,从语言和学科方向两个角度同时出发,培养国家所需的非通用语人才。“复合型”人才培养模式主要是通过公共选修课、辅修或双学位、国内外联合培养等方式实现“语言+专业”跨学科人才培养。其中,常开设的“专业”包括新闻传播、国际法、国际贸易等,囊括新闻学、法学、经济学、外交学等与外语有关的学科方向,让学生在学习非通用语的同时,还可以选择另一门专业作为辅修或双学位,接受较为系统的专业教育。各外语院校在如何培养复合型人才方面做出了许多尝试:中国传媒大学结合自身学科优势,将非通用语与传媒类课程

① 文秋芳.“一带一路”语言人才的培养[J].语言战略研究,2016(2):26-32.

相结合,以马来语专业为例,除了本专业基础课程之外,还开设了"中外纪录片比较研究""影视配音艺术""外国新闻节目制作"等必修和选修课程;同时,还在大二、大三学年开设了双学位课程,方向主要集中在广播电视编导、新闻学和文化产业管理等,修读要求尽可能向专业课程靠拢。而北京外国语大学除了在辅修和双学位的修读方向上增加了"新闻传播"方向之外,还开设了"朝鲜语(国际商务方向)"试点班,将语言技能培养与学科知识深度融合。① 在外语专业+学科的复合培养方面,北京大学依托元培学院,联合历史系和外国语学院,设立了"外国语言与外国历史"专业②,从另一个学科方向上探索外语+专业人才培养模式。除了上述路径之外,国内外联合培养也是各外语院校实现复合型人才培养的重要方式之一。

国内外联合培养指学校通过国际交流合作,让非通用语专业学生有机会在国内和对象国高校接受教育,时间长短不一,因此有"3+1",即3年在国内修读,一年在对象国修读的联合培养模式③,以及"3.5+0.5""2+2""1+2+1"等多种模式。此种培养模式的好处在于学生在对象国学习时可以通过对象国语言接受其他学科方向的教育,如社会学、文学、新闻学等方向的课程,既满足了语言技能学习的要求,又能系统学习其他学科方向的知识,还能通过日常学习生活深入了解对象国的国情文化。由于国内外联合培养模式在实践过程中效果颇佳,当前大多数外语院校都积极与国外高校展开合作交流,设计学分互换制度,进行国内外联合培养。

除了"复语""复合型"人才培养模式之外,还有部分外语院校着重培养实际应用型人才。部分学者认为,21世纪的外语人才培养必须关注应用性,尤其是在当前全球经济快速发展的时代背景下,"知识应用"这一理

① 苏莹莹."一带一路"非通用语人才培养模式的思考与探索[J].中国外语教育,2017,10(2):3-7,95.

② 丁超.对我国高校外语非通用语种类专业建设现状的观察分析[J].中国外语教育,2017,10(4):3-8,86.

③ 杨晓强.对高校非通用语种"3+1"人才培养模式的思考:以印尼语本科专业课程设置为例[J].企业科技与发展,2017(5):221-223.

念不应被污名化，通用语教育中的翻译专业、商务英语专业等以及强调“一专多能”的复合型人才培养都是外语学科应用理念的实践。[①] 如海南外国语职业学院、浙江越秀外国语学院等外语院校以语言应用作为主要培养目标，服务于跨国经贸等国际事务，相关非通用语人才从事如销售、翻译、服务、管理等行业。

简而言之，当前的非通用语人才培养模式可总结为“非通用语+”模式，单一式的语言技能训练已经无法满足时代需求。随着“一带一路”倡议的推进，我国亟须了解对象国国情文化的国际化非通用语人才，人才培养需要向多语种、跨学科方向发展。为了实现人才培养目标，各外语院校除了采用国内外联合培养模式，还从国际化视野、区域国别研究等角度出发，深入探索国际化人才培养路径。

三、国际化非通用语人才培养

新时代的国际化非通用语人才不仅需要精通沿线国家的语言，还需要熟悉相关区域国别的社会、文化、经济、历史等。这要求非通用语人才既具备语言能力，能够进行跨文化交流沟通，同时具备国际化视野，通晓某一领域的国际规则，能够参与国际性竞争与合作。[②] 但与多变的国际形势相比，我国非通用语人才培养的国际化程度仍显不足。同时，由于外语教育必然涉及对象国国情文化，外语院校本身发展也内含国际化需求。[③] 为此，各外语院校需要全方面加强培养非通用语人才的国际化视野。

一是在人才培养定位上与国际接轨，将全球意识纳入人才培养理念之

① 杨枫. 高等外语教育的国家意识、跨学科精神及应用理念[J]. 当代外语研究，2019(2)：前插 1,2.

② 杨凡. 对外语高校培养国际化人才的几点思考[J]. 外语界,2003(2)：12.

③ 曹德明. 高等外语院校国际化外语人才培养的若干思考[J]. 外语教学理论与实践,2011(3)：1-5.

中[1]，结合我国实际需求，培养具备国际观念、了解世界格局与发展趋势、熟悉本国国情文化、能够进行跨文化沟通与参与国际事务的非通用语人才。“一带一路”倡议包容性极大，沿线涉及多个非通用语国家，然而由于对对象国了解不足，在推进倡议实施的过程中面临着许多问题，例如不了解当地法律法规及经济发展情况而导致的产业落地困难、国际贸易合作开展不顺、无法适应巨大的国际经济竞争压力等。因此，加强非通用语人才在国际事务中的处理能力、参与度和参与效果，也是当前各外语院校的主要人才培养目标之一。

二是设置多层次、多角度的国际化课程，依托学校平台，为非通用语人才培养提供例如地区经济研究、国际法、国际贸易等多个方面的选修课程。此外，部分非通用语专业还通过“英语+非通用语”双语教学，兼顾外语能力培养与学科方向发展；或在专业课程设置上，大力开展时事政治、经贸外语等课程，依托课程内容培养国际化视野。

三是开展各类国际化实践活动，包括国际赛事、国际志愿者项目、对象国文化实践活动等，促进非通用语人才对于对象国社会文化和当前国际环境的了解，加强非通用语人才的国际竞争力和跨文化交流能力。2019 年，四川外国语大学在实践周期间开展了各式各样的文化活动，如印度美食文化节、缅甸旅游推介会等。活动邀请了海外留学生与外教共同组织举办，为学生提供了良好的国际化交流环境，通过实践活动深入了解对象国国情文化，同时积累跨文化交流实践经验。

上述举措让各外语院校得以从多个角度拓宽非通用语人才的国际化视野。同时，针对人才培养模式，部分学者提出可将外语教育与区域国别

---

① 王志强，马磊，王寰. 全球化背景下外语类高校人才培养模式研究：以东京外国语大学为例[J]. 外语电化教学，2014(5)：40-48.

研究相结合[①],区域国别研究逐渐成为非通用语人才培养的新路径。[②]

我国的区域国别研究发展之前多集中在美国、英国、日本、俄罗斯等“大国”上,没有充分重视对于其他国家,尤其是发展中国家的研究,而针对一些岛国的研究甚至尚处于起步阶段。[③] 随着“一带一路”倡议不断落实与推进,为了应对过程中产生的问题与矛盾,需要对沿线国家开展深入的区域国别研究。2010 年,教育部开设了国际区域问题研究及外语高层次人才培养项目,极大推动了外语人才培养规格和外语学科转型。[④] 2012 年,北京大学、北京外国语大学等高校建立了第一批国别和区域研究培育基地,包括南亚、中东欧等区域研究中心,大力推进了沿线国家的区域国别研究。[⑤]

在谈到区域国别研究时,不同国家所采取的研究范围不一,但普遍关注该区域或对象国的语言、文化、政治、经济等方面。[⑥] 多数学者在现代区域国别研究的内涵上基本认同桑顿等学者的概括,认为其内容包括:“长期、专业的对象国语言学习;深入实地调查;密切关注对象国的历史和社会观点及相关阐释;发展以实地调查资料为基础的宏大理论;涉及多学科研究”。[⑦] 由于区域国别研究要求研究者掌握对象国或相关区域的语言并在当地进行深入、长期的调查,许多高层次外语人才或具有相当外语能力的

---

① 张天伟. 国家语言能力视角下的我国非通用语教育:问题与对策[J]. 外语界,2017(2):44-52.

② 沈骑. 新中国外语教育规划 70 年:范式变迁与战略转型[J]. 新疆师范大学学报(哲学社会科学版),2019,40(5):68-77.

③ 赵羲. 国别和区域研究学科改革方向刍议:以北京外国语大学英语学院为例[J]. 大学教育,2020(4):49-51.

④ 沈骑,鲍敏. 改革开放以来的中国外语教育规划[J]. 语言战略研究,2018,3(5):21-31.

⑤ 丁超. 对我国高校外语非通用语种类专业建设现状的观察分析[J]. 中国外语教育,2017,10(4):3-8,86.

⑥ 李晨阳. 区域国别研究的学科化[J]. 世界知识,2018(2):73.

⑦ D. L. 桑顿, 耕香. 美国区域研究的起源、性质和挑战[J]. 国外社会科学,2004(1):15-20.

研究员成为区域国别研究人员的重要来源。因此,我国非通用语人才培养与区域国别研究人才培养实际上是处于互相需要、互利互惠的状态。而在探索非通用语与区域国别研究结合路径的实践过程中,许多通用语专业的人才培养经验以及国外高等院校对于外语教育与区域国别研究结合的实践路径值得借鉴参考。

以北京外国语大学英语学院为例,该学院依托下设的5个区域国别研究中心,改变了人才培养理念,提出语言学习是学科根本但服务于国别和区域问题研究;打破原本的课程体系限制,将历史、法律、国际贸易、民族、宗教等研究领域纳入授课范围①,此种培养跨学科复合型人才的模式与理念值得借鉴。而在高层次人才培养上,清华大学更进一步,依托自身学科发展平台,设立了"发展中国家博士项目",在语言技能方面,学生需要掌握一门通用语+对象国语言,并通过国内外联合培养,深入学习政治学、经济学等理论和方法,在对象国进行最少两年的田野调查。此项目学制长达六年,为相关区域国别研究人才培养提供了国内外联合培养的高层次学术及教育平台与充分的学术研究空间,是综合性大学依托国家政策和自身学科优势对语言+区域国别研究人才培养的出色创新路径。

国际上对于外语教育和区域国别研究结合的路径已有过多方面的探索,非通用语人才培养除了继续发展"外语+"的人才培养模式外,还可借鉴哈佛大学经验,跨越学科界限,依托区域国别研究平台和自身学科优势,在区域研究等院系中为学生提供非通用语课程。② 此外,王志强等学者(2014)对于东京外国语大学人才培养模式改革的研究也为各外语院校提供了值得参考的经验。从2012年开始,东京外国语大学对原先以语言文学为主体的人才培养模式进行改革,将本科外语人才培养分为低年级与高年级两个阶段。针对低年级学生,学校实行世界通识教育计划,教授地区

① 赵羲. 国别和区域研究学科改革方向刍议:以北京外国语大学英语学院为例[J]. 大学教育,2020(4):49-51.

② 张天伟. 国家语言能力视角下的我国非通用语教育:问题与对策[J]. 外语界,2017(2):44-52.

语言和基础课程、英语课程、通识教育课程等，实施跨学院培养。同时，学校设立了语言文化学部和国际社会学部，分别开设语言信息、综合文化、国际交流以及地区社会、现代世界论、国际关系等专业，高年级学生可按照自身发展方向，选择进入任一学部开展专业学习。这一人才培养体系改革体现了东京外国语大学在全球化背景下加大了国际化人才培养的力度，重视国际研究和区域研究，特别是培养亚非地区的综合研究人才。①

上述举措十分值得我国外语院校借鉴，在培养国际化非通用语人才方面，需要将非通用语与区域国别研究相结合，多方面探索非通用语人才培养模式改革的新路径。在"一带一路"倡议背景下，我国面临着更加复杂的国际社会环境，"文化输出"方面的需求也越来越大，亟须培养相关区域国别研究人才和国际化非通用语人才。② 另外，我国非通用语人才培养还面临缺乏国际化师资力量和相关教材、学术研究平台不足等现实问题，同时各外语高校对于如何培养国际化非通用语人才，尤其是与区域国别研究相结合等方面，尚且缺乏充分的改革创新尝试。

四、未来改革路径建议

（一）扩大国际交流合作规模，营造国际化的学校氛围

加大国内外联合培养力度，增加学生前往海外留学的机会；建设多层次、多方位的国际交流机制，开展多种国内外联合培养模式③，如"3+1""3.5+0.5""2+1+1"等模式并行，为学生提供多种发展方向和选择机会；另一方面，除了交换留学之外，还可通过在国外开展多种实践活动，如实地调

① 王志强，马磊，王寰. 全球化背景下外语类高校人才培养模式研究：以东京外国语大学为例[J]. 外语电化教学，2014(5)：40-48.

② 沈骑. "一带一路"倡议下国家外语能力建设的战略转型[J]. 云南师范大学学报(哲学社会科学版)，2015，47(5)：9-13.

③ 郑锡伟. 外语非通用语人才跨国培养模式改革探析：以广西民族大学为例[J]. 广西民族大学学报(哲学社会科学版)，2008(5)：109-111.

研、家庭寄宿等,加强学生对对象国国情文化的了解。[①] 同时,外语院校应当打造国际化的学校氛围,推动国内外学生的日常交流,培育学生的国际视野。

(二)坚持不断更新人才培养理念,创新人才培养模式

在人才培养理念上与国际接轨,为国家和世界培养了解本国和对象国国情文化、具有文化自信和跨文化交流能力,能够参与国际事务的非通用语人才,从而与“一带一路”沿线国家建立平等高效的对话机制;坚持“复语”“复专业”的综合性高层次人才培养路径,同时可以通过开设实验班、试点专业等方式[②],探索“通识教育+专业教育+语言”等多种方向的新型人才培养模式路径。

(三)加强院校合作,构建教学及科研平台

为非通用语人才培养提供跨学科、跨校,乃至跨国的学术交流平台,开设区域国别研究等方向的讲座及专业课程;依托相关区域国别研究中心,创新非通用语人才培养与区域国别研究的有机结合路径,利用现代网络科技和大数据资源,构建区域国别数据库、线上研究交流平台。

(四)加强国际化师资队伍建设

扩大教师通过游学、培训等方式前往国内外研究机构、高校的规模,培养国际化师资力量;同时,聘请校内外优秀专家学者开设相关学术讲座、教授专业课程。

(五)大力推进教材编写

国际化非通用语人才培养缺乏相关教材,部分现有教材也面临着语料老旧等问题,各外语院校应当切实推动相关非通用语教材的编撰工作,将

---

① 杨凡. 对外语高校培养国际化人才的几点思考[J]. 外语界,2003(2):12.

② 杨学义. 创新人才培养模式 造就高端国际化人才[J]. 中国高等教育, 2010(19):19-20.

教材与对象国的区域国别研究成果相结合，并跟随时代发展，不断更新教材中所使用的教学方法、教学语料等。

五、结语

国家战略利益所至之处，语言要先行铺路搭桥。[①] 在“一带一路”倡议的推进过程中，我国亟须建设非通用语能力，培养大批具备语言能力和国际化视野，通晓本国与对象国国情文化，能够进行跨文化交流沟通，有能力参与国际竞争与合作的多语种、跨学科型的国际化非通用语人才。在新时代背景下，各外语院校需紧紧围绕国家需求，推动非通用语人才培养模式改革，尤其是要结合非通用语和相关区域国别研究，从扩大国际交流合作、推进人才培养模式改革、加强院校合作、构建广阔的教学与科研平台、建设国际化师资队伍、推进教材编写等各个环节出发，探索“复语”“复合型”非通用语人才培养模式的国际化路径。

---

① 沈骑．“一带一路”倡议下国家外语能力建设的战略转型[J]．云南师范大学学报(哲学社会科学版)，2015，47(5)：9-13.

"一带一路"背景下非通用语教学改革新思路探讨

——以四川外国语大学西方语言文化学院乌克兰语专业为例

陈　旭[①]

（四川外国语大学西方语言文化学院 重庆 400031）

摘要:随着"一带一路"合作范围不断扩大,各国间合作领域更为广阔。它不仅给参与各方带来了实实在在的合作红利,也为世界贡献了应对挑战、创造机遇、强化信心的智慧与力量。在这一时代背景下,外语专业人才,尤其是非通用语人才在中国与全球各国的合作中将发挥不可替代的重要作用。中乌两国交流日益频繁,在基础设施建设、飞行器制造、农牧产品贸易、文化交流等诸多领域有着宽广的合作前景。为此,本文将以四川外国语大学西方语言文化学院乌克兰语专业为例,围绕非通用语教学与人才培养探讨教学改革新思路,为我国非通用语教学的发展提供智力支持。

关键词:一带一路　非通用语　教学改革　乌克兰语

---

① 陈旭,男,1991 年生,硕士,乌克兰语专业教师,主要研究方向:乌克兰语教学。

一、引言

自 2013 年 9 月和 10 月，中国国家主席习近平提出建设“丝绸之路经济带”和“21 世纪海上丝绸之路”(简称“一带一路”)的倡议以来，全球 100 多个国家和国际组织积极支持和参与“一带一路”建设，联合国大会、联合国安理会等重要决议也纳入“一带一路”建设内容。“一带一路”规划路线所涉及的沿线国家目前共有 65 个，其中乌克兰属于独联体七国之一，地理区位优势明显，自然物产丰富，承袭了大量前苏联军工机械制造技术。乌克兰积极回应中国倡议，双方在 2013 年 12 月签署了《中乌战略伙伴关系发展规划(2014—2018 年)》，成为较早响应中国推动“一带一路”倡议的国家之一，此举为未来中乌关系的发展确定了航向。2017 年 12 月，时任乌克兰总统波罗申科在中乌政府间合作委员会第三次会议上表示乌克兰积极支持“一带一路”倡议，愿继续与中方加强各领域务实合作，将两国关系不断推向深入。近年来，随着乌克兰东部地区问题逐步稳定，其国内贸易渐趋复苏，据乌克兰统计局数据显示：2019 年 1 月至 12 月乌克兰货物出口总额 41.452 亿美元，同比增长 107.4%；进口总额为 501.083 亿美元，同比增长 107.1%；贸易逆差为 8.431 亿美元(2018 年 1 月至 10 月逆差8.028 亿美元)。其中中乌双边贸易总额约 120 亿美元，占乌克兰进出口总额五分之一，中国已成为乌克兰第一大贸易合作伙伴。

乌克兰主管经济问题的第一副总理库比夫曾在基辅举行的“丝绸之路”贸易和金融高管论坛上表示，参与中国倡议的“一带一路”建设对乌是一个重大机遇，有利于发挥乌贸易与运输潜力。他提到，乌地处欧亚结合部，拥有得天独厚的地理优势，多条运输走廊可为运往欧亚非三大洲的货物提供中转服务。为利用这一优势，乌计划实施一系列基础设施项目，包括建设港口、粮仓、冷库等。库比夫认为，基础设施的发展将带动工业增长，这将有助于乌从原料型经济向创新投资型经济转变。他还强调，参与“一带一路”建设将加强乌同其他国家的贸易联系。由此可见，中乌两国合作在基建、物流运输等领域将有重大突破，其中所延伸出的相关配套服务项目将涉及法律咨询、投资政策分析、商务服务、物流方案设计等诸多领域。

面对日渐增长的中乌贸易机会，语言成为双方合作沟通的重要桥梁。随着乌克兰国内"去俄化"进程的加快，乌克兰语作为乌克兰唯一官方语言，乌克兰语专业人才将在未来两国合作中扮演重要角色。当前"一带一路"各类合作项目不断深入开展，对语言人才的需求日趋旺盛，同时对人才质量的要求也逐渐提高。与早期社会各界所需的"懂语言、能交流"翻译型人才不同的是，目前社会所需人才趋向于"专业化、综合性、复合型"发展，方能满足"一带一路"建设需求。

从历届乌克兰语毕业生就业情况以及相关用人单位的反馈来看，大多数用人单位表示，具有开阔的国际化视野、较高人文素养以及较强市场竞争力的复合型乌克兰语专门人才更受企业所青睐。因此，在今后乌克兰语人才的培养过程中，乌克兰语专业教学改革势在必行。

二、国内高校乌克兰语专业人才培养现状

乌克兰是中国重要的战略伙伴国之一，两国在 2001 年建立全面友好合作关系，2011 年共同宣布建立战略伙伴关系。两国在各领域友好互利合作发展迅速，两国人民传统友谊不断加深。在 2017 年 12 月举行的两国政府合作委员会第三次会上，双方签署了落实"新丝绸之路经济带"和"海上丝绸之路"路线图。可以说，这是 2017 年的中国与乌克兰关系发展的重要节点，双方在"一带一路"倡议下的合作经历了从观念的统一到落实行动的重要转折。中乌关系的良好发展，可以起到平衡大国间关系、减少地区摩擦、促进区域合作的积极作用。乌克兰语人才的培养，对于促进中乌两国间深入交流与合作具有重要意义。

(一)乌克兰语专业开设基本情况

表 1　中国开设乌克兰语专业高校

院校	开设年份	招生办法	专业归属
北京外国语大学	2003 年	隔 4 年招生	俄语学院
上海外国语大学	2007 年	隔 2 年招生	俄罗斯东欧中亚学院
天津外国语大学	2017 年	隔 2 年招生	俄语系
西安外国语大学	2017 年	隔 2 年招生	俄语学院
大连外国语大学	2019 年	每年招生	俄语学院
四川外国语大学	2020 年	隔年招生	重庆非通用语学院
中国人民解放军战略支援部队信息工程大学	不详	不详	不详

国内目前共有 7 所高校开设乌克兰语本科专业。从表 1 中可以看出,开设乌克兰语专业的院校大多数均实行隔数年招生。从专业归属情况来看,除四川外国语大学将乌克兰语专业纳入西方语言文化学院单独管理外,其余各高校均将其划入俄语学院或俄语系。从地域角度出发,将乌克兰语专业与俄语专业统一管理具有一定区域研究优势,而从教学角度出发,笔者认为独立划分更具优势。因此,本文将选取四川外国语大学西方语言文化学院乌克兰语专业作为该语种教学改革的研究案例,具有一定的独特性和代表性。

四川外国语大学紧紧围绕习近平总书记对重庆提出的“两点”定位、“两地”“两高”目标和“四个扎实”要求,着眼于非通用语国际化人文特色,于 2018 年 9 月与重庆市教委共建重庆非通用语学院,2021 年 1 月起乌克兰语专业归属于西方语言文化学院。2020 年学院成功申报乌克兰语等专业,计划从 2020 年开始招生,实行隔年招生,规模 10~15 人。下文将对乌克兰语专业的相关课程设置及人才培养方案进行分析研究。

(二)乌克兰语专业课程设置及人才培养方案

学院乌克兰语专业践行"外语+"理念,实行"乌克兰语+英语""乌克兰语+专业""乌克兰语+国别研究"的人才培养路径,推动教学科研复合、理论实践复合、产学研用复合,培养复合型、应用型、国际化非通用语精英人才。乌克兰语专业是在"一带一路"背景下开设的,既注重培养学生的外语技能,又重视学生综合素质的提高,通过乌克兰语专业课及其相关跨专业课程,让学生全面掌握乌克兰国家的人文、历史、政治、经济、社会、外交等方面的知识,培养具有国际视野、中国情怀,服务国家和地方的乌克兰语专门人才。

从图 1 中可看出,在通识教育课程无法删减的情况下,乌克兰语专业课程仍占全部课程课时量的 50%。值得一提的是在学院乌克兰语专业的本科阶段课程设置中,取消了传统的语法课程,而是将其融入基础乌克兰语和高级乌克兰语两门课程中。在每周基础乌克兰语或高级乌克兰语课程的最后一节将对本周语法知识点进行阶段性小结,在月度最后一次课进行篇章式总结,教师为学生构建科学、正确的乌克兰语语法知识体系,加强学生主动学习与归纳总结能力以及理论与实践相结合的效果。在高级技能提升阶段,加入乌克兰语实践修辞学课程,该门课程是对大一、大二年级语法技能的总结。学生可通过阅读各类话题文章,在实践中分析总结高阶语法理论(句法),不断完善自身乌克兰语知识体系。此外,乌克兰概况课打破常规,不再以"百度百科"的形式向学生介绍乌克兰国情,而是通过"走进乌克兰"节目路演形式向学生展示乌克兰的政治、经济、历史、文化、教育、艺术与"一带一路"在乌克兰的进程。每节课都将以一个经典故事案例为切入点,组织学生参与讨论,让学生以第一视角了解乌克兰。

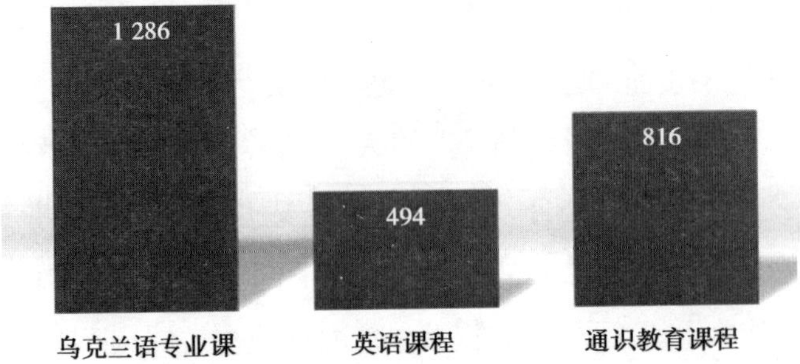

图 1　西方语言文化学院乌克兰语专业课程分布

（数据单位：课时）

三、目前乌克兰语专业教学所面临的问题与挑战

中乌两国合作伙伴关系在“一带一路”背景下持续升温，两国的合作交流将更为密切。在当前快节奏的合作进程中，丰富的教学资源能为培养出具有市场竞争力的乌克兰语专业人才提供知识支持。但由于我国乌克兰语专业仍处于发展阶段，尚未形成如同其他通用语专业的系统化教学模式，在一段时期内仍会面临一系列问题与挑战，亟待解决和突破。

（一）乌克兰语教学资源短缺

从教师任教情况来看，当前国内高校乌克兰语专业在岗教师数量较少，外籍教师教学风格不尽相同。由于教师人数的匮乏，多数院校出现一位教师身兼数职，既要完成教学任务，又要抓好行政工作的情况。有的教师还需承担多门课程，如基础乌克兰语、乌克兰语语法、乌克兰语报刊选读等课程。此类情况也导致部分教师无法脱离岗位参加各类培训及学术会议，实现自身业务水平提升。

从教材使用情况来看，自 2003 年国内首次开设乌克兰语专业以来，尚未有成熟的乌克兰语专业教材问世。大多院校均引进国外原版教材作供学生使用，市面上关于乌克兰语教学相关的教辅材料少之又少（见表 2）。国内外教材从语言素材选择到知识架构体系构建均以语言知识基础教学为主，内容呈现单调、不具时代特色。而关于乌克兰国家文化、区域国别研究以及乌克兰概况的中乌双语读本基本空白。

表 2 国内乌克兰语专业教材情况

教材名称	编者	出版社	出版年份
《乌克兰语自学课本》	郑述谱	商务印书馆	2001 年
《零起点乌克兰语课本》	郑述谱、吴哲、热巴克里特西	商务印书馆	2008 年
《新经典乌克兰语入门》	高尔什科夫(乌)、劳华夏	外语教学与研究出版社	2019 年

从多媒体视听材料收集情况来看,现阶段国内高质量的乌克兰语视听材料极为匮乏。多数音视频材料较为老旧,部分材料存在低幼化现象。随着“95 后”“00 后”学生不断涌入校园,陈旧乏味的多媒体资料已无法满足新生代学子的求知需求。通过笔者的走访交流,大多数学生表示愿意通过语言学习对象国当下较新的流行音乐、影视作品、高清纪录片为媒介,深入了解乌克兰的风土人情和国家文化。

(二)对于“外语+”教学理念的落实不够彻底,成效不高

21 世纪是一个国际化的高科技时代,是一个由工业社会进一步向信息社会转变的时代。科学技术的高速发展、新兴学科的涌现、人文文化和科学技术文化之间的相互渗透和融合、社会的信息化以及知识和信息传播技术的日新月异更加剧了世界各国文化的交流、碰撞和合作。时至今日,为紧跟“一带一路”倡议的前进步伐,我们必须深刻认识“一带一路”给我国外语专业本科教育带来的机遇和挑战。教育部《关于外语专业面向 21 世纪本科教育改革的若干意见》指出,我国需要少量外语与文学,外语与语言学相复合的专业人才,大量需要外语与其他学科,如外交、经贸、法律、新闻相结合的复合型人才。外语专业复合型人才的培养应顺应时代的潮流,符合学科发展的方向,目的是为国家的发展建设培养精通外语,拥有跨

文化交流能力,兼具专业知识的通才。①

国内各高校关于提升学生综合水平,健全、完善学生知识体系方面均提出“外语+”理念。但就目前乌克兰语专业的“外语+”实施情况以及用人单位反馈情况来看,均未得到较为满意的评价。一方面,由于乌克兰语与俄语属于同源语,大多院校将乌克兰语与俄语课程同步开展。从语言学研究角度出发,这有利于学生对斯拉夫语族内各语言有着较为全面的了解和认知,但也正因二者有着一定的相似度,对于零基础学生在短短4年内同步开展两门相近语言的学习是较难消化的,甚至容易出现混淆、错乱现象。另一方面,对于“外语+?”,辅修学科的教学亦是难上加难,多数第二专业课程由相关院系专业教师授课,较难与本专业语言知识进行融合。因此,如何高效践行“外语+”理念,上好高品质专业课程,以及“外语+技能”的融合,是对我国乌克兰语专业乃至其他非通用语专业的一大挑战。

四、关于乌克兰语专业教学改革新思路的几点看法

为更快更好地向“一带一路”建设项目输送优质的乌克兰语专业复合型人才,避免非通用语专业毕业生出现“学无所成”“理论外语”的尴尬局面,需要相关政府部门、专业高校、社会行业以及用人单位提高重视,高效协同。我们尝试从乌克兰语专业教学模式,加大本专业社会实践力度等方面提出以下几点看法。

(一)优势互补,建设乌克兰语专业知识智库

在国内乌克兰语专业教学资源有限的情况下,建议成立中国高校乌克兰语联盟,实现资源共享。首先,应盘点全国乌克兰语教师资源情况,包括但不限于学历、教龄、主讲课程、擅长研究领域(语言文化知识、文学知识、区域国别研究、商务经贸、法律等)。建立乌克兰语教学人才库,定期举行学术交流研讨会,及时分享国内外乌克兰语教学最新资讯。其次,建议各

① 秦秋,程冷杰.复合型外语人才培养的研究与实践[J].中国大学教学,2006(9):56-57.

院校乌克兰语专业骨干教师群策群力，统编符合中国国情，适应时代发展潮流，紧跟“一带一路”脚步的乌克兰语专业教材。还可按年度整编中乌两国重大新闻事件合集（中乌双语），供高年级学生（外语+新闻）作为视听进阶材料或中乌互译文本资料使用，从而开拓学生视野，提升学生语言视听能力，让“外语+”理念落到实处。此外，在线课堂作为新时期高校教学不可或缺的高效教学手段之一，非通用语专业在在线课程的制作上还有很大的进步空间。目前国内尚无成体系的乌克兰语在线课程，因此本专业教师可制作难易程度适中的视频课程，定期更新发布，不仅可巩固本专业学生乌克兰语基础知识，还可作为其他专业学生乌克兰语选修课入门自学材料。

（二）培养“全能型”非通用语教师

非通用语教师职责边界弥散。洪堡特两百年前明确提到高校教师应是承担教学与研究两种工作的合体。经研究发现，非通用语教师最认同的身份是“教学人员”，其次是“对象国沟通者”“研究者”，他们身兼数职，却总感力不从心。因此，我们需尽快培养出“全能型”非通用语教师。这里所指的“全能型”是指既精通教学，又擅长学术研究。目前我国非通用语教师大多数为硕士研究生学历，且研究领域不够明确。与“外语+”理念相对应，当今乌克兰语专业教师也应秉承“教学+”理念投身于教育事业中，即完成本职教学工作外，还应具备某一专业领域颇具深度的研究能力，并能够将其科研成果转化为教学资源运用到实践教学中。通过“教学+国别研究”“教学+文化研究”等模式，帮助学生打开视野，为学生提供全方位的信息化资源。教师个人方面应不断加强自身业务水平，建立完备的专业知识体系，明确个人研究领域，做到术业有专攻。学校方面应加大对非通用语教师的培训力度，成立相应的专业教师发展中心，聘请国内外知名教授专家予以指导。

（三）夯实语言基础，强化学生实践能力

目前我国各高校乌克兰语专业均为本科办学层次，因此我们应更注重

培养学生实践能力和逻辑思维能力。通过本科四年的系统学习，使大多数学生能够在完成学业后顺利就业。这就要求高校重视学生语言基本功的训练与提升，在大一、大二阶段，学校应强化本专业语言技能教学，合理运用内容教学法使课程更易被学生接受。在语言基础技能学习阶段，教师可通过"五个一工程"加深学生对语言知识点的记忆，即一首好诗、一首好歌、一篇美文、一部影视作品、一座城市。"五个一工程"可在专业内对学生进行分组，每月进行阶段性成果展示，旨在使学生能够在短时间内通过朗朗上口的诗歌或音乐作品，加深对常用单词及句法的记忆，此举既可增强语言学习的趣味性，又可让学生充分了解乌克兰的文化常识。

在当今社会高速发展的洪流中，就业压力日趋增大。为使本专业学生能够通过自身过硬的专业水平以及综合实践能力进行自主择业，我们应重视培养并强化学生的专业实践能力。在大三阶段，学校可组织开展相关语言实践模拟场景训练，如"迷你中国国际进口博览会"。在活动中，学生可通过角色扮演（现场销售人员、商务谈判代表、参展商代表、来访客户、活动主办方等）结合自身所学乌克兰语和相关经贸等知识进行交流互动。展会展示产品可为学生家乡特色产品，教师需引导学生独立撰写产品推介书，正确书写商务信函，制作报价表单，熟悉国际商务礼仪。此类活动不仅可在本专业内开展，还可进行学校内大范围演练。以西方语言文化学院为例，学院下设 7 个非通用语种专业，各专业皆可视为一个国家参展商代表，本专业内学生角色分工明确，使用本专业语言进行沟通交流。需协调其他专业提供相应解决方案时，则要求学生运用英语进行交流，包括但不限于口头、信函、电子邮件等形式。通过举办此类活动，可使学生充分使用本专业语言，让学生多角度了解各类工作岗位职能职责，加强学生逻辑思维能力，提升项目全链条统筹能力。在跨专业英语交流环节中，为学生创造丰富有趣的语言环境，不仅完成本专业语种技能训练，还能提升英语沟通技能，充分践行前文提到的"非通用语+通用语"的教学理念。

（四）细分人才培养模式，因材施教、分类培养

非通用语专业应该将技能应用型人才与学术研究型人才的培养模式

区分开来。对于有志向投身于学术科研中的学生,应予以必要的知识信息支持与学历提升通道。可在本科高年级举行小规模学术成果分享会,初步尝试课题研究,参与科研项目等。对于致力于服务社会的学生,培养方式应更为灵活和多样化。我们应将培养重心放在专业技能上,即本专业语言知识技能与复合专业技能。为学生提供丰富的校内外实践机会,使其清楚认识到各个岗位对技能的不同要求,从而做到有的放矢、强化弱项,为日后就业积累社会实践经验。

(五)借助政企平台,实现"产学研用"一体化

重庆市地处中国西南腹地,根据《重庆市现代商贸服务业发展"十三五"规划》(以下简称《规划》)内容,在2021年前将重庆基本建成"一带一路"重要的流通节点城市和长江上游地区现代国际商贸中心。《规划》中还指出,要进一步加强渝新欧铁路运力,国际货运班列市外货量比重超越45%。此外,"西部陆海新通道"已与中欧班列和长江黄金水道实现联通,并已初步实现丝绸之路经济带和21世纪海上丝绸之路的有机衔接。重庆,作为"陆海新通道"主要合作城市之一,有着得天独厚的区位优势。为加速推进"十三五"规划以及"陆海新通道"的建设,多家大型物流企业及其他商贸服务企业进驻重庆。秉承"学有所成,学以致用"这一理念,重庆非通用语培训与服务中心(以下简称"非通培服中心")应运而生。非通培服中心将为政府部门以及各类商贸企业提供境外政策法规分析、投资风险预判与非通用语教学培训等配套服务。这不仅践行了高校承担服务社会的责任,还可为非通用语专业学生提供各类社会实践基地,努力探索"学术研究+创新合作"的科研项目新模式,为建设非通用语专业产学研平台奠定坚实基础。

五、结语

在今后的乌克兰语专业教学过程中,西方语言文化学院将不断优化人才培养方案,科学合理设置专业课程,编写适用于中国学生使用的乌克兰

语专业教材,改革和创新人才培养模式,加强国内外院校交流合作,强化本专业教学团队实力,始终坚持“外语+”理念,以提升外语技能为核心,持续为社会输送高质量非通用语专业人才为出发点,从而进一步完善复语复专业的国际化高端人才培养体系,办好具有重庆地域特色的复合型乌克兰语专业,并以努力将四川外国语大学打造成国家西部非通用语人才培养基地为奋斗目标,切实为我国“一带一路”发展贡献智慧和教育力量。

非通用语专业区域国别研究人才培养模式构建*

谌华侨①

（四川外国语大学金砖国家研究院 重庆 400031）

摘要：随着中国与世界的关系日益密切，中国的海外利益进一步延伸，中国亟需了解对象国情况的区域国别研究人才。因为学科专业特性，非通用语具有进行区域国别研究的天然优势。本文立足于四川外国语大学重庆非通用语学院所进行的区域国别研究人才培养改革实践，深入分析非通用语区域国别研究人才培养的背景、举措、初步改革成效和持续改革的可行性，旨在从非通用语专业来探索区域国别研究人才培养的可行之路。

关键词：非通用语　区域国别研究　人才培养　改革

---

* 本文为2020年重庆市高等教育教学改革研究立项重点项目（编号202067）、四川外国语大学2020年校级教学改革研究立项重点项目（编号JY2062103）《非通用语专业区域国别研究人才培养模式探索与实践》的阶段性成果。

① 谌华侨，男，副教授，硕士生导师。主要研究方向：巴西国别研究、中巴关系研究。

一、问题提出

《外国语言文学类专业本科教学质量国家标准》(以下简称《国标》)将国别和区域研究设定为五大学科基础之一。《非通用语种类专业本科教学指南》(以下简称《教学指南》)也明确将国别和区域研究设定为五大学科基础范畴。同时,学术界正在讨论是否可以将区域国别研究升格为一级学科平台。区域国别研究逐步被视为学科,有可能引领新一轮学科发展方向。

随着中国国际地位的不断提升,中国与其他国家的交往日益密切,中国社会的各个层面也日趋国际化,政府治国理政、企业投资兴业、高校学术研究、社会组织参与解决社会问题等都急需区域国别研究人才。

然而,当前高校主要采用分科培养的模式,存在人文与科学割裂,语言与专业割裂,技能与素质割裂,院系培养与社会需求割裂的情况。面对日益增长的区域国别研究人才需求,高校如何培养国家急需的区域国别研究人才成为一个亟待解决的重大问题。

本文基于近两年四川外国语大学重庆非通用语学院所进行的区域国别研究人才培养改革实践,系统分析改革背景、举措、成效和持续性,尝试从非通用语专业来探索区域国别研究人才培养,为相关领域的改革提供一条新的可行路径。

二、非通用语专业进行区域国别研究人才培养的紧迫性和可行性

(一)非通用语专业进行区域国别研究人才培养势在必行

"一带一路"沿线国家的官方语言绝大部分都是非通用语,随着"一带一路"倡议的实施,中国与沿线国家的往来日益密切,对区域国别研究新型人才需求愈加旺盛。

"一带一路"倡议的实施,带动了中国社会各层面的国际化,也明确驱动了中国各方面的全球化。前者要求世界加深对中国的了解,后者要求中

国加深对全球的认识。这两方面合力推动了区域和国别研究的发展,随之而来的是区域国别研究新型人才需求的不断增长。与此类似,美国二战后国力雄厚,影响力无远弗届,区域国别研究顺势兴起,区域国别研究人才逐渐进入政府、企业、非政府组织,成为美国全球利益的开拓者和维护者。

当前,就中国广大的非通用语学生而言,一方面,非通用语专业毕业生普遍面临就业领域偏窄,职业发展空间提升有限的问题;另一方面,非通用语专业学生正是实现中国与世界加深互识与互动的"排头兵",如若其不能在未来的几年中掌握"一带一路"在非通用语国家中的建设和发展情况,"一带一路"与中华民族复兴的伟大进程必然受到影响。

事实上,非通用语毕业生遭遇的困境根植于固守语言、文学和翻译领域的高校培养惯性。通过对非通用语专业进行以区域国别研究人才培养为导向的改革,学生在专业体系内深化对象国人文、历史、政治、经济、社会、法律、新闻、外交等领域的认识,同时掌握全球治理、公共政策和国际商务三大方向的基本技能,必将能更好地满足社会需求,拓宽就业渠道,引领全球化背景下中国的发展。

人才培养模式是高校人才培养的核心内容,是确保持续培养高质量社会急需人才的制度性举措。随着新《国标》和《教学指南》将区域国别研究作为外国语言文学专业的学科基础之一,区域国别研究的重要性进一步提升。

从非通用语专业出发,从语言领域进入区域国别研究,充分挖掘非通用语在区域国别研究和人才培养中的天然优势,实现复合人才培养之路,为区域国别研究人才培养提供一条切实可行的路径。这将有助于探索一条符合非通用语专业实际的区域国别研究人才培养模式,明确人才培养方向,丰富人才培养方式,指导之后人才培养方案的制定。

(二)非通用语专业进行区域国别研究人才培养具有天然优势

非通用语一般是指除汉语、英语、法语、俄语、阿拉伯语、西班牙语、德语、日语之外的语言。[①] 从全球区域分布来看，非通用语主要分布在广大的亚洲、非洲、拉丁美洲、中东欧区域。诸多非通用语主要通行于特定国家或区域，非通用语的使用人群与特定国家或区域密切相关。因此，从空间分布上来看，非通用语与特定的地理位置密切相关。

因为非通用语与特定的国家或区域相关，为对象国或区域内人群所使用，非通用语因此具有强烈的国别或区域属性。在学习和研究非通用语的过程中，会自然涉及对象国或区域的人文、历史、政治、经济、社会、军事和外交等领域的问题，区域国别知识是非通用语学习的主要内容。

从进行区域国别研究的基本要求来看，首先需要研究人员掌握对象国的语言，能够阅读一手文献资料，能够与当地人进行沟通交流；同时，还需要研究人员进行相关学科的专业训练，掌握相关学科专业的基础理论和基本方法；最后，需要研究人员在对象国进行长期的实地调研或生活体验，在对象国进行参与式、体验式、沉浸式研究，增强研究人员在对象国的切身感受。从开展研究工作的基本要求来看，非通用语是进行区域国别研究工作的前提条件。

从非通用语与区域国别研究二者的关系来看，非通用语学习的主要内容是区域国别基础知识，进行区域国别研究的前提条件是掌握非通用语，并在非通用语对象国或区域进行实地调研或生活，由此可见，非通用语与区域国别研究高度契合，非通用语具有从事区域国别研究的先天便利条件。

三、非通用语区域国别研究人才培养模式

自 2018 年学校成立重庆非通用语学院以来，学院践行“外语+”理念，实行“非通用语+通用语”“非通用语+专业”“非通用语+区域国别研究”的人才培养路径。采用复语（非通用语+英语）、复专业［非通用语+外交学、新闻学（国际新闻）、法学（国际经济法）、国际经济与贸易、汉语国际教育］

① 丁超．中国非通用语教育的前世今生［J］．神州学人，2016(1)：6.

培养模式，并实行“2+1+1”培养方式，学生在第三年有机会通过申请国家留学基金管理委员会项目的资助，前往非通用语对象国交流学习。

2019 年 9 月，学院印地语、缅甸语、波兰语、捷克语专业开始招生。2020 年 9 月，希伯来语、匈牙利语、马来语、土耳其语、罗马尼亚语、乌克兰语专业开始招生。新设招生非通用语专业采用复语、复专业培养模式，为社会各界培养急需的复合型非通用语区域国别研究人才。

本文将围绕非通用语专业如何培养区域国别研究人才这一核心问题，结合重庆非通用语学院人才培养模式的探索，从学科平台、师资队伍、教育教学、科学研究、社会服务、国际合作六个方面构建人才培养全过程的闭环体系。学院通过 10 个非通用语专业的实践，跟踪培养全过程，期待最终构建一个知识全面、语言扎实、能力出众、社会认可的非通用语专业区域国别研究人才培养模式。

学院系列改革围绕非通用语专业如何培养区域国别研究人才展开，具体内容包括以下几个方面：

（一）学科平台

打造本硕博一体化学科平台是确保培养高质量人才的体系化举措。学校可以发挥外国语言文学一级博士点的优势，发挥校内其他专业的学科优势，积极推进非通用语硕士和博士学位授权点的建设工作。

同时，遴选基础条件较好的专业积极申报学校的一流专业，并整合校内相关资源，对标建设重庆市一流专业。

（二）师资队伍

综合考虑外国语言文学五大学科基础，根据相邻相近原则，借助校内聘任、校外邀请的复合机制，每个非通用语专业中文教师配备从语言与文化（语言翻译、人文历史）、区域国别研究（全球治理、公共政策与国际商务）两大方向、五大轨道着手，构建对象国本土研究和中国与对象国关系研究的师资队伍。

强化内培外引进度，即中国教师加快进度攻读硕士或博士学位，提升学历。同时,加快引进全职和兼职外教和访问学者,用好外部智力资源。做好在岗教师教学与科研能力培训,进行区域国别研究的引导。

(三)教育教学

人才培养方案上,大一、大二夯实语言基础课和对象国概况课,授课内容贯穿对象国人文、历史、政治、经济、社会、法律、新闻、外交的广度。大三、大四的课程基于个人意愿,分流进入语言与文化(语言翻译、人文历史)、区域国别研究(全球治理、公共政策与国际商务)的两大方向、五大轨道。

教材和在线课程建设上,要强化人才培养方案的理念,形成内容丰富、形式多样、梯度合理的教材和在线课程体系,凝聚教育教学成果。

授课方式上,实行集体备课、集体授课、集体研讨,强化教师对对象国的立体把握。推行贴合小班教学实际的探究式、案例式、焦点小组讨论教学法,调动学生的课程参与度,提高满意度。在考核评估上,积极推进动态过程评估,降低期末考试纸质考试分数权重,动态监测学生的综合实力。

在学生赛事上,鼓励并指导学生积极参加多种类型的国际、国家和学院内区域国别研究赛事,以赛促教、以赛促学、赛教学一体化,最大程度调动师生关注对象国事务的积极性。推动学生自主、自愿、自治建立国别区域研究为导向的学术性和技能型社团,建立学生智库,推动学生自主学习。设立实验教学教研室和学生发展中心,推动学生全方位发展。

在智慧实验室建设上,发挥非通用语天然从事国别研究的优势,将教学和科研成果汇集于此,形成高质量的语料库、教学和科研素材库,积极建设非通用语智慧实验室,形成教学环境优良、教学资源丰富、教学管理科学、教学科研一体化的现代化非通用语专业实验室,积极推动非通用语虚拟仿真教学。

(四)科学研究

每个非通用语专业设立教研室,落实语言与文化(语言翻译、人文历史)、区域国别研究(全球治理、公共政策与国际商务)的两大方向和五大轨道，融合教师科研与学生科研一体化，相辅相成。

在教师科研上，凝练教师的学术背景和研究兴趣，统筹各个语种的老师及早关注对象国本土研究，以及中国与对象国关系研究，在日常教学和个人科研中形成学术关注点和增长点。

在学生科研上，一方面，鼓励学生及早开始准备创新创业类赛事，另一方面，鼓励学生积极从事学生科研项目，通过科研促进学习。大一打牢语言基础，大二参与对象国信息编译，大三自主科研实训（学生创新创业课题），大四对接社会需求，自愿强化（科研训练班、商务训练班、政务训练班）。

在师生科研团队上，筹划对象国国别研究数据库，将国别研究数据库任务融合到人才培养方案中，分解到每门课上来，通过每次课的教学内容和作业进行呈现，逐步完善国别研究数据库。

（五）社会服务

在语言服务上，发挥非通用语在翻译和志愿者等方面的显著优势，锻炼学生的语言应用能力。

及时建立多种类型的校外、国外实习基地，为学生提供学以致用的舞台。通过多种类型线上线下的实习方式，强化学生将所学转化为现实应用的能力。

在国别调研上，学校鼓励并支持学生利用海外交换学习期间，在对象国从事专题调研，通过浸入式、体验式方式，深化对对象国的了解与认识。学院牵头建设学生智库、国别智库，鼓励学生编译信息，为智库编译和国家决策提供资料基础。

（六）国际合作

首先，加快在对象国建立合作高校，重点与关注学生成长的综合性大学建立学分互换、人才交流的合作协议。为师生加强语言学习、对象国本土研究提供国际通道。

其次，在学生交换学习上，强化派出前的学生课题孵化、科研项目准备、毕业论文开题等工作，利用交换学习的机遇，完成个人课题和毕业论文的资料查找和撰写工作。

通过上述努力，学院启动非通用语区域国别研究人才培养模式系列改革，旨在培养社会急需的区域国别研究人才。

四、非通用语区域国别研究人才培养改革初步成效

历经两年多的大胆实践，学院的非通用语区域国别人才培养改革初显成效，引起多方面关注，总体而言，主要体现在以下几个方面：

（一）契合国家需求

学校紧紧围绕习近平总书记对重庆提出的"两点"定位、"两地""两高"目标和"四个扎实"要求，着眼于非通用语国际化人文特色，新设非通用语专业涵盖东南亚、南亚、西亚、中东欧等"一带一路"沿线重要国家语种，打造西部领先的非通用语人才培养、智库研究、语言服务、文献资料、国际交流合作示范性基地。

学校携手成渝高校成立成渝地区双城经济圈高校联盟，发挥高校对地方经济发展的支撑作用，川渝两地高校加强在人才培养、科学研究、服务地方、国际交流合作等多方面的合作，共同携手推动国家的战略布局和成渝两地经济的高质量发展。

从国家的"一带一路"倡议，到最近提出的成渝地区双城经济圈建设，需要深化与非通用语国家的关系，急需熟悉对象国情况的复合型非通用语区域国别研究人才。学院所进行的非通用语人才培养改革，契合国家的战略需求。

（二）服务地方发展

重庆市委副书记、市长唐良智来校检查调研复学复课准备工作时，高度肯定四川外国语大学把学校建设融入国家战略和全市大局，重点建设外语专业的同时，大力发展"外语+"相关专业，培养复合型人才，主动服务地方发展、引领未来。

重庆市高新区管委会副主任孙立东一行来校调研交流，共同商讨川外如何融入成渝双城经济圈和中国西部（重庆）科学城建设，如何在国际科技交流与合作、国际战略研究与咨询、国际科技教育与普及、外事外宣服务等方面与科学城展开深入合作，携手为重庆经济社会发展作出更大贡献。

重庆市人民政府外事办公室章勇武主任一行到校调研，认为川外是重庆外事系统的重要支撑，应冲在对外开放的第一线，利用自身优势，深入研究，为国家和地方经济的发展提供咨询参考。

璧山区委区政府领导来访，双方围绕校地合作进行交流，就加强璧山区与四川外国语大学校地合作达成了共识，双方将璧山区的区位发展优势与四川外国语大学的师资专业优势结合起来，在人才培养、国际交流等方面加强沟通与合作，服务地方经济发展。

学校充分发挥语言专业优势，积极服务地方经济社会发展，帮助万州区共建万州外国语学校，深化推动扶贫攻坚工作，落实高校服务地方有关规定，推动“一区两群”协调发展。

重庆电视台曾以“高校如何发挥专长，服务‘一带一路’建设情况”为题，专题报道了我校服务“一带一路”建设的情况。此次访谈专门报道重庆非通用语学院，彰显了学院的社会影响力。

从重庆市不同部门领导视察学校的情况来看，来访领导高度肯定“外语+”的人才培养理念，迫切期盼学校培养出更多既懂非通用语，又懂对象国情况的非通用语区域国别研究人才，服务重庆的发展。

（三）紧扣学校定位

学校“十三五”发展规划将学校的办学定位与目标确定为“建设高水平的教学研究型外国语大学”。2018 年 1 月，学校党委一届二次全委会根据重庆市教委文件，进一步明确学校的办学定位为“建设高水平应用研究型外国语大学”。非通用语积极探索区域国别研究人才培养，践行“建设高水平应用研究型外国语大学”的办学定位。

经济社会和学科专业发展都急需复合型师资队伍，学校所采取的多种复合型人才的引进和培养路径具有现实可行性，为相关领域的复合型师资引进和培养提供了新思路。重庆师范大学外国语学院一行来我校调研非通用语教师发展情况，为重师僧伽罗语师资队伍建设提供建设经验。

从 2020 年 9 月开始，重庆警察学院分别向四川外国语大学泰语、越南语、乌克兰语、马来语四个专业各选派 4 名优秀学生进行插班学习。随后将根据不同年份语种招生情况，持续选派学生来校插班学习，联合培养“一带一路”倡议和陆海新通道战略实施过程中急需的国际警务人才。

璧山区教委、璧山中学正在与重庆非通用语学院洽谈，共同商讨在高中阶段开设非通用语选修课，并逐步在高中开设非通用语语种，探讨高中与大学实现贯通培养的可能性。

兄弟院校来校调研取经，同城高校主动派员插班学习，属地高中主动洽谈贯通培养，复语、复专业人才培养模式已经逐步得到不同层次学校的认可，社会辐射效果初步显现。

（四）拓展成果转化

鉴于缅甸在“一带一路”倡议实施过程中的战略支点地位，学院积极发挥非通用语稀缺资源优势，与传神语联网网络科技股份有限公司签署战略合作协议，联合开展缅甸语语音识别工作。该项工作有助于在交互传译、旅游、商务和教学领域的广泛应用，将为非通用语与现代科技的结合探索出一条可行的人工语言智能新路径。

五、非通用语区域国别研究人才培养可持续性

学院所进行的非通用语区域国别人才培养系列改革，符合国家大政方针，符合高校改革发展趋势，符合学科专业发展和人才培养规律，具有持续实施的基础和条件。

（一）国家发展所需

在国家层面，学校将继续发挥非通用语专业优势，在后新冠肺炎疫情时期，着眼于“一带一路”沿线国家区域国别问题研究，更好地服务国家战

略;在地区层面,学校将发挥西南片区唯一一所外国语大学的独特优势,全面融入"一带一路"倡议和长江经济带发展,助力成渝地区双城经济圈建设,培育内陆开放新优势,在西部地区带头开放、带动开放,区域发展中发挥重要作用;在重庆市层面,非通用语将助力西部陆海新通道建设,为加快形成陆海内外联动、东西双向互济开放的格局作出新贡献,在重庆的对外开放格局中发挥独特作用。

(二)学校发展所指

作为西南地区唯一的外国语大学,学校以外国语言文学学科为主,文学、经济学、管理学、法学、教育学、哲学、艺术学等多学科协调发展。相比国内其他外国语大学,以及部分综合型大学,川外理应大力发展非通用语专业,努力在区域国别人才培养上持续发力,有所作为。

学院通过多种途径引进不同类型的非通用语与区域国别研究人才,同时,通过内部多类型团队的孵化,多学科人才的融合与交叉渗透趋势明显,复合型领军人才逐步凸显。通过系列举措,非通用语教师的综合实力得到明显提升,学科深度融合逐步实现。学校将持续培养更多的非通用语科研团队,深化区域国别研究,不断产出国家和地方急需的科研成果。

(三)学科发展所在

学院积极践行"外语+"理念,实行"非通用语+通用语""非通用语+专业""非通用语+国别研究"的人才培养路径。新设非通用语专业采用复语、复专业培养模式,为社会各界培养急需的复合型非通用语人才。人才培养模式符合教学规律和未来发展趋势,将源源不断产出复合型人才。

学科专业融合发展,社会经济发展复合驱动,都需要更多的复合型人才,非通用语区域国别研究师资队伍将为学科专业和经济社会发展提供智力支持。

逐步成型的非通用语学科专业群,将在语言翻译、志愿者服务、中国文化、中国经验和中国故事的外译等方面发挥独特的作用,为企事业单位的会议、赛事、人文交流等活动提供多语服务。

南亚语种教学和人才培养模式刍议*

——以印地语为例

熊晨旭①

(四川外国语大学东方语言文化学院 重庆 400031)

摘要:中国非通用语教育以国家新时期改革开放和“一带一路”倡议为导向,顺应新时代国际关系、全球经济社会和人文交流的发展要求,紧跟现代科技高速发展的步伐并适应人们生产生活方式的转变,旨在培养复合型、应用型、国际化的非通用语精英人才。在此背景下,包括印地语在内的南亚语种教学和人才培养需要有更完善的规划与更高的要求。本文介绍了我国印地语教育的发展现状,并论述了当前印地语复合型人才培养的可行性模式,同时分析了南亚语种的特点和不同南亚语言间的相互关联,突出了南亚语种教学研究和人才培养的区块化设计理念。

关键词:印地语　复合型　南亚语种　区块化

---

* 本文得到重庆非通用语学院教学改革项目“印地语专业课程交叉渗透研究”(JG201908)、四川外国语大学教学改革项目“印度慕课发展路径及借鉴意义”(JY2062237)和四川外国语大学非通用语科研团队项目“拉美国家地方合作研究”(SISUFTK2019011)的资助。

① 熊晨旭,男,1992 年生,硕士,印地语专业教师。主要研究方向:印地语语言应用与教育、印地语文学、印度社会人文。

一、我国印地语教育发展现状

印地语通过宪法的权威被定立为印度的官方语言,是印度国内最为通行的语言,也是南亚地区使用人数最多的语言。印地语相关的教育科研事业近年来在我国迅速发展,目前全国已有15所高等院校开设了印地语本科专业,还有部分院校正在申报印地语专业或以选修课的形式教授印地语。

然而,高校在提高印地语教学数量的同时,也需要与时俱进地提升印地语教育的质量。印地语本科教学中仍然存在一些固有的问题:注重印地语语言知识讲授,而忽视印度社会国情知识讲解;重视印地语教学,而轻视英语教学;强调学生语言能力的培养,而未顾及学生综合知识和个人素养的培育。如今,单一的印地语语言人才不大能满足国内外多样化就业市场对高素质印地语人才的需求。此外,国内与印地语专业相关的学习研究资料比较匮乏,加之印地语作为“小语种”的弱势地位,给综合性印地语人才的培养增添了难度,同时不利于我国印地语教学科研事业的长足发展。目前印地语教学和人才培养过程中面临的挑战,可以通过印地语复合型人才培养模式与南亚语种教学研究和人才培养的区块化设计来克服。其中,南亚语种教学研究和人才培养的区块化理念将促进南亚各语种教育科研事业的关联发展,并提升南亚语种及相关学术领域的整体教学科研水平。

二、印地语复合型人才培养模式分析

随着我国新时期改革开放的持续深入发展和“一带一路”倡议的稳步推进,我国与世界各国的经贸、政治、文化及地缘关系愈发错综复杂。在全球化发展面临挑战,世界大国竞争日趋常态化的背景下,国家对战略人才的需求显得尤为突出。复合型印地语人才是新时期我国需要的战略人才,掌握了这一资源意味着能全方位地读懂印度并更高水平地把握与印度打交道的力度和效率。复合型印地语人才将对中印各层面的交流互动起到润滑和促进的作用,高校复合型印地语人才培养已然成为印地语专业教学和人才培养的必然趋势。

我国印地语教学的传统模式以“语言—文学”为主,强调扎实的语言功底和良好的文学审美能力。这种经典的语言学习模式至今仍具价值,然而在印地语复合型人才培养的过程中,有必要在“语言—文学”模式的基础上添加一些更为丰富的专业知识形式。根据国内非通用语教学改革的情况,现阶段可供探究和尝试的印地语复合型人才培养模式,主要有如下几种。

(一)“印地语语言知识+印度国情知识+英语+世界通识教育+思想政治”模式

“印地语语言知识+印度国情知识+英语+世界通识教育+思想政治”是现在多数高校所采用的印地语复合型人才培养模式。学生在学习印地语基础语言知识的同时,系统了解印度的历史、文化、政治、经济等各方面的国情知识;学校给予英语必修第二外语的地位,通过各类英语课程、外教的实践语言教学、公共英语四六级和专业英语四八级的考核来锻炼学生的英语实践能力;此外,学生根据自身兴趣,选择世界通识教育课程,拓展知识面;教师通过公共课的讲授培养学生的思想政治及国学的学识素养。这种人才培养模式在本科教学阶段得到了广泛采用。它的优势是能更好地衔接印地语传统的人才培养模式,兼顾了印地语的语言技能性和文学性,塑造了学生的对象国知识体系,让学生在学习印地语的同时提升英语应用能力和世界通识的基础素质;它的不足之处在于仍然比较强调语言的技能用途,没有突出培养复合型人才的非外语专业能力。这种印地语人才培养模式比较适合现阶段正处于外语教学改革过渡期的高校印地语专业。

(二)“印地语语言知识+印度/南亚区域国别研究”模式

“印地语语言知识+印度/南亚区域国别研究”是现在国内较为流行的具有改革和转型特质的印地语复合型人才培养模式,旨在借助印地语的语言优势,针对印度或政治文化及地理相互联系的数个南亚国家所构成的南亚区域进行资料信息收集，深入研究与把握印度或南亚区域的社会、政治、经济和文化等方面的总特征，并能够根据实际情况和发展动向为国家政策提供建议。此人才培养模式更适用于硕士和博士阶段的复合型人才培养，通过吸纳有一定印地语知识基础的学生进入印度/南亚区域国别研究领域进行学术深造，培养“印地语+印度/南亚研究”型的印地复合型人才。这一模式的优势是突出了“区域国别研究”这个学术研究范畴，着重培养了印地语人才在印度/南亚区域国别研究方面的专业技能；劣势是仍然存在外语语言知识和区域国别知识不协调的问题：比如，印地语专业的毕业生进入印度/南亚区域国别研究领域攻读研究生课程，由于此前未曾受过系统的国际关系或区域国别方面的学术训练，大多保留了语言文学的思维倾向；抑或印地语语言知识基础技能不扎实的学生仍然通过这一模式从事印度/南亚区域国别的研究，这样则会影响其区域国别研究后续的深度和广度。

（三）“复语+复专业”模式

“复语+复专业”是近年来我国外语教学改革背景下兴起的一种新式的非通用语复合型人才培养模式。“复语”指的是“非通用语+英语”，“复专业”是指“非通用语语言类专业+非语言类第二专业”。通过此人才培养模式，印地语专业学生在学习第一外语印地语的同时，兼顾英语听说读写译应用能力的提升；此外，学生在学好印地语专业的基础上，继续进行非语言类第二专业的进修，最终实现印地语复合型人才的培养目标。此培养模式适用于本科五年制双学位课程或本硕连读课程。其有利之处在于，学生可以根据自身的兴趣爱好选择第二专业，如若能够科学合理地组织双语课程和跨学科专业课程，便能够培养出素质较高的印地语复合型人才，双语双专业复合型人才毕业后在就业市场上的求职竞争力会更高；存在的不利因素主要在于跨学科专业的衔接问题，比如，语言文学类学院和非语言类学院之间课程交叉的组织问题，学分设置问题，对双语双专业师资综合素养的高要求等。

根据以上三种印地语复合型人才培养模式各自所具备的特点，高校和科研机构可以扬长避短，通过教学方式和管理机制的适当调整发挥出相应培养模式的最大优势。在“印地语语言知识+印度国情知识+英语+世界通识教育+思想政治”的教学实践中，可以引入相关学科和课程间交叉渗透的创新模式，采用印地语实践型母语式教学和印度社会国情教学相结合的方法，适当创新教师授课方式。通过母语式语境浸润授课法，学生在中国也能尽可能多地感受到印地语的语言环境，外语的母语式思维学习模式是外国语言学内部各课程间最为合理、自然且富有成效的交叉渗透方式；同时在教学过程中自然演绎印度的社会国情知识，使学生在学习印地语的同时将印度社会国情知识常识化，从而让学生逐渐获得成为印地语复合型专业人才的潜质。在“印地语语言知识+印度/南亚区域国别研究”的教学过程中，通过设置印地语训练课程进一步强化学生的印地语应用能力；同时为学生创造必要的赴印度或其他南亚国家深入学习的机会，以培养学生在全球生态环境下区域国别的理论研究能力和分析实践能力。在“复语+复专业”模式中，双专业的衔接是关键。大学生双专业的培养，至少要依靠两个学院的通力协作，如果第二专业门类较多，则还需要更多学院共同联合培养学生。通俗讲，就是学生从第一专业印地语进入非语言类第二专业的渠道需要畅通，并且要具备整个双专业教育阶段的制度保障。此外，进修双学位不能一蹴而就，双专业进修所需的时间通常要比单一专业学习的时间长，所以可以考虑本科五年制（3 年印地语专业+2 年非语言类第二专业）或本硕连读（本科阶段修读印地语专业，硕士阶段修读非语言类第二专业）的人才培养模式。因而，实行“复语+复专业”的印地语复合型人才培养模式需要高校的全盘统筹与合理布局。

三、南亚语种的特点及相互关联

印度、巴基斯坦、孟加拉国、斯里兰卡、尼泊尔、不丹和马尔代夫七个国家位于南亚，总人口将近 17 亿。稠密的人口、众多的民族和繁杂的语言让南亚享有世界语言宝库的称誉。在南亚的全部 210 多种语言中，印地语、乌尔都语、孟加拉语、僧伽罗语、尼泊尔语、普什图语和泰米尔语是南亚主要通行的语言。其中,印地语是印度的第一官方语言,在印度约5亿人把印地语当作母语,另外有4亿多人把印地语作为第二语言使用。乌尔都语是巴基斯坦的国语,另外印度有5 000多万人将乌尔都语视为母语,使用乌尔都语的人数超过2亿。孟加拉语是孟加拉国的国语,同时也是印度西孟加拉邦的地方官方语言,使用人数达到2.7亿。僧伽罗语和尼泊尔语分别是斯里兰卡和尼泊尔的官方语言。普什图语①既是阿富汗的官方语言,也是巴基斯坦的主要地方语言,使用人数约5 000万。泰米尔语作为印度泰米尔纳德邦的地方官方语言和斯里兰卡的第二官方语言,其使用人数超过7 000万。上述七个南亚语种目前在我国均设有本科专业点。

南亚在古代是一个相对完整的国家地域概念,古印度王朝几度统一南亚次大陆,因而现在的南亚是一个拥有相似历史渊源和语言文化传统的地理区域。好比今天印度国内,有着繁杂的语言和文化差异,然而也保有统一的文化和思维认同,南亚的地域文化生态和语言环境现在仍然可以理解为一个"大印度"的概念。南亚作为一个相对独立的地理、政治、经济和文化地域单元,其内部各国在历史、文化、宗教、语言和风俗等各方面有着错综复杂的渊源和紧密的联系,也存在着不少相似的地方。南亚的大多数语言属于两大语言体系:印欧语系和达罗毗荼语系。其中,南亚次大陆上属印欧语系的语言大多是印欧语系——印度伊朗语族—印度雅利安语支内的语言,主要分布于次大陆西部和中北部;而达罗毗荼语系是南亚的一个土著语系,基本分布于次大陆南部。今天的印欧语系——印度伊朗语族—印度雅利安语支内的南亚语言从历史起源上看都发源于古代印度俗语,而古代印度俗语是古梵语演变而来的,因此这些语言在很早以前是同一种语言或者十分相近的语言,由于历史的不断演进和不同地域的地理文化差异,逐渐区别化形成了多种不同语言;达罗毗荼语系内的语言也极大地受

① 阿富汗位于中亚,它的官方语言普什图语受到梵语和南亚方言的较大影响,其语言特征与乌尔都语相似。故此文将普什图语纳为南亚语种。

到了古代梵语的影响,加上南亚次大陆自古以来在经贸和人文往来方面都是一个联系紧密的区域整体,因而次大陆中北部的语言和南部的语言之间也一直持续着相互的影响。

(一)印地语

属印欧语系——印度伊朗语族——印度雅利安语支,是印度国内最为通行的语言。和印度中北部的大多数民族语言一样,印地语深受梵语影响,使用天城体字母书写。天城体是一种拼音文字,由古婆罗米字母演变而来,一个字母一个发音,从左向右书写。印地语语法较梵语大大简化,名词有阴阳性和单复数的区别,基本词汇大多从梵语演变而来;各专业学科的术语,近来的趋向是直接取自梵语,或用梵语构词法创立新的梵语词。在穆斯林统治印度时期,印地语吸收了很多波斯语和阿拉伯语词。英国殖民统治期间,它又吸收了大量英文词汇,至今还不断从英语中吸纳新的词语。印地语在吸收外来语的同时,也吸收了外来语的一些构词手段。

(二)乌尔都语

属印欧语系——印度伊朗语族——印度雅利安语支。8 世纪起,穆斯林统治者逐渐从西亚和中亚进入南亚次大陆,在拓展自己政治版图的同时,也将阿拉伯语、波斯语等外来语言带到次大陆上。北印度的地方俗语与这些外来语言相融合,发展出早期的乌尔都语。11 世纪德里苏丹国建都德里时,早期乌尔都语已基本形成,并成为德里附近后来几个世纪通行的一种印地语方言。16 世纪,随着莫卧儿伊斯兰政权的影响力在南亚次大陆持续深入,乌尔都语逐渐形成了自己的语言特色,并最终成为一门独立的语言。由于波斯语和阿拉伯语中的大量词汇通过德里军营流入民间,人们形象地称乌尔都语为“营帐语言”。乌尔都语跟印地语的口语相同,不同之处在于,乌尔都语用阿拉伯字母书写,而印地语使用天城体字母;乌尔都语包含许多阿拉伯语和波斯语词源的外来词,而印地语则保留了许多传统的梵语词。乌尔都语与印地语同属克里方言,它们的发音和语法基本相同,只是一些发音方式和发音习惯存在差别。

（三）孟加拉语

属印欧语系——印度伊朗语族——印度雅利安语支。孟加拉语普遍使用于孟加拉国、印度的西孟加拉邦、特里普拉邦和阿萨姆邦部分地区。文字采用由古印度婆罗米字母演变而成的孟加拉字母。从梵语词源上看，孟加拉语字母可以和印地语字母分别对应，元音字母一般也都有简写形式，孟加拉语中约有70%的词汇与印地语相同或相近。孟加拉语的发音方法和印地语相通，辅音有明显的清浊、送气和不送气、顶舌和不顶舌的区别。印度西孟加拉邦首府加尔各答一带的方言被认为是标准孟加拉语。现代孟加拉语普通话及其书面形式——孟加拉白话文就是以标准孟加拉语为基础确立起来的，广泛使用于整个孟加拉语地区。印度著名作家泰戈尔用母语孟加拉语进行文学创作。孟加拉语是印欧语系中最靠近东方的一种语言，接近阿萨姆语，同时受到奥语系和汉藏语系的影响。全世界范围内有2.7亿人使用孟加拉语，使之成为全球第七大语言。

（四）僧伽罗语

属印欧语系——印度伊朗语族——印度雅利安语支。僧伽罗语作为斯里兰卡的第一官方语言，公元前6世纪由印度雅利安人带入斯里兰卡岛而初步形成。公元前3世纪，僧伽罗语随着佛教的传入得到丰富和发展。僧伽罗语和印度北部诸语言相近，它最初是印度的一种方言，接近古代印度俗语，公元4世纪后脱离古代印度俗语而独立发展。僧伽罗语在发展过程中，受到巴利语、梵语和泰米尔语的深刻影响，近代以来又从葡萄牙语、荷兰语，尤其是英语中吸取了大量的借词，使之更加丰富和完善。

（五）尼泊尔语

属印欧语系——印度伊朗语族——印度雅利安语支。尼泊尔语是一种使用于喜马拉雅山低海拔地区的语言，在尼泊尔、不丹、印度北阿肯德邦和喜马偕尔邦的一些地区使用。大约一半的尼泊尔人以尼泊尔语为母语，其他尼泊尔人则将其视作共同的国家语言。由于历史及地缘因素，尼泊尔语在发展过程中受到藏—缅语的影响。尼泊尔语使用天城体书写,整体看来与印地语很近似,但语言表达相对保守,外来语借词少于印地语,较多的词源自梵语。

(六)普什图语

属印欧语系——伊朗语族东支。普什图语通过阿拉伯字母书写,分布于阿富汗和巴基斯坦西北地区。普什图语和梵语的语法十分近似,除具有较多的共同词汇外,还有许多共同的词根。普什图语受乌尔都语的影响很大,吸收了许多波斯语和阿拉伯语借词,保留了古波斯语的许多特征。

(七)泰米尔语

属达罗毗荼语系南部语族,是达罗毗荼语系中最重要的语言。泰米尔语主要分布于印度泰米尔纳德邦和斯里兰卡部分地区。此外,在印度洋及南太平洋不少印度裔居民是泰米尔族,他们散布于马达加斯加、毛里塔尼亚、斐济等地,日常使用泰米尔语。泰米尔语文学语言形成于公元前 300 到前 100 年间,采用的是南婆罗米字母,现代泰米尔文亦由此发展而来。在南亚变迁交融的历史进程中,泰米尔语也受到梵语和印度中北部地方语言的影响。

四、南亚语种教学研究和人才培养的区块化模式

南亚语言虽然在世界上使用人数众多,但由于南亚国家整体的社会经济发展程度不高,因此南亚地区的各民族语言在世界范围内未能受到足够重视,在我国南亚语种教育亦是如此。虽然南亚语种专业在我国的发展目前仍处弱势,但南亚语种内部天然的关联性和文化相似性使南亚语种教学研究和人才培养有了一种新的可能性——区块化联合发展。

南亚语种教学研究和人才培养的区块化模式是指,一所高校或一个地区的教育科研机构同时开设多个南亚语种专业进行联合式教学研究和人才培养。这种模式符合语言文化教学研究的科学规律,也有利于南亚各语种的教学科研形成整体合力,能够促进南亚语种教学和人才培养水平的

提高。

（一）南亚语种教学研究和人才培养的区块化发展现状

在国内，随着改革开放和“一带一路”倡议构想的不断深入，南亚语种专业的区块化布局逐步展开。目前，北京大学、北京外国语大学、中国传媒大学、云南民族大学和洛阳外国语学院都开设了多个南亚语种专业，把南亚语种的区块化设计付诸到了学校教学科研的实践当中。云南大学依托其区位优势，近年来陆续开设了印地语专业本科硕士教学点，并计划开设有市场需求的其他南亚语种专业。从区域分布上看，云南、北京的高校和科研机构已经营造出区域性的南亚语种学术环境，当地南亚语种区块化的发展经验值得国内其他地方借鉴学习。

在南亚各国，本土的民族语言文学教研体系发展悠久、完备且多样化。在美国、英国、德国和日本，南亚语种的区块化教研事业发展程度较高。在这些发达国家，南亚语种的教学研究在深耕于南亚语言文学领域的同时，也与南亚区域国别研究相结合，南亚语言文学和南亚区域国别研究逐渐形成相辅相成的发展格局。

（二）南亚语种教学研究和人才培养的区块化模式优势

虽然南亚语种在我国学术界不可或缺，但相对于其他“大语种”而言，南亚语种教研事业的发展目前仍处于弱势。由于共同的历史文化渊源和相似的语言特征，南亚语种可以形成一个相对独立的语言文化单元。通过相互结合的学习、贯通的研究，南亚各语种的教研事业可以实现更加完善的发展，从而促进南亚语种及相关学术领域整体水平的提高。

南亚语种人才培养的区块化发展，有助于学生站在一定的高度学习南亚语言，拓宽学生认知南亚的视野和相关知识面，提升学生学习的兴趣，帮助学生形成思维全局观。另一方面，区块化的教学研究模式使教师可以通过联合教研的方式，提升教师的整体科研教学能力。师生通过南亚语种群内部的研讨、座谈、联合课堂和主题科研等方式，进行富有区块化特色的学术活动和人才培育。

（三）南亚语种教学研究和人才培养的区块化模式可行性

南亚是“一带一路”沿线重要区域带，近年来我国与南亚各国经贸人文往来水平显著提升，中资企业赴南亚投资逐年递增。南亚诸国均为发展中国家，各国经济社会发展进程持续推进。中国和南亚合作前景巨大，就业市场将更加需要专业的南亚语种人才。因此，南亚语种教学研究和人才培养的区块化模式一定程度上是以社会实际需求为导向的，有其发展的必然性。

经过多年南亚语种专业从无到有、从有到优的发展壮大，我国已经建立起具有初级规模的南亚语种师资体系和教学科研体系，这也为南亚语种教学研究和人才培养的区块化发展提供了必要的物质条件。

未来十到二十年是我国实现民族伟大复兴的关键机遇期。这一阶段将是我国对外开放的高速发展期，我国的整体国际开放度和包容度将会在这个时期达到较高水平，这也意味着非通用语事业即将迎来一段发展的黄金期。从这个维度看，国家与地方的各类政策也将鼓励多样化的社会资源支持南亚语种教育科研事业的优质发展。

五、结语

在国家对外开放新常态化和国际合作错综复杂发展的背景下，包括印地语在内的南亚语种教学和人才培养面临着机遇和挑战。通过外语的复合型人才培养模式以及南亚语种教学研究和人才培养的区块化设计，南亚语种相关人才能够获得全方位的专业能力及素养，并提升市场竞争力，从而进一步满足我国国际战略人才日益增长的需求。

“课程思政”的教学管理保障措施研究*

李　玲①

（四川外国语大学西方语言文化学院 重庆 400031）

摘要：“课程思政”理念提出后在高校各类课程中实施，高校教师在教学过程中挖掘思政元素，做到了和思想政治课程协同育人、全方位育人。但从教学和管理两个角度来看，高校管理人员也需要深入学习思想政治理论，在教学管理中合理采用访谈法，及时了解学生们的思想状态，并正确引导。根据具体节日安排相关的活动，包括中国传统美食的制作，组织学生共同欣赏爱国题材的电影，组织学生到白公馆、渣滓洞、红岩魂广场等红色景区参观，鼓励学生参加各级各类赛事等，通过一系列实践活动的开展，建立教学管理活动评价机制，通过访谈的方法，统计活动开展后的评价，优化教学管理体系，做到教学和管理相统一，培养优秀的、德才兼备的非通用语人才。

关键词：“课程思政”　教学管理　协同育人

---

*　本论文属2019年重庆非通用语学院教学改革研究项目JG201904阶段性研究成果。

①　李玲，女，1993年生，硕士。主要研究方向：新闻学、传播学。

"课程思政"理念提出后在高校各类课程中实施,高校教师在教学过程中挖掘思政元素,重新设计教学大纲和教案,在专业课程中融入思政理念,做到了和思想政治课程协同育人。2019 年习近平总书记主持召开学校思想政治理论课教师座谈会时强调,青少年阶段是人生的重要成长阶段,最需要教师的引导和培养。我们办的是中国特色社会主义教育,高校开设好思政课就是我们的使命,引导学生正确认识新时代中国特色社会主义思想,增强四个自信,努力掌握专业知识,厚植爱国主义精神,重视品德和人格的培养,把爱国情、强国梦融入建设社会主义现代化强国的奋斗目标之中,高校教师除了在思政课程和各类专业课中践行"课程思政"理念,高校的管理人员也需要学习最新的思政理论知识,在教学管理中践行思政理念。

一、同类研究工作国内外研究现状

在中国知网,对文献主题词进行关于"课程思政"的检索,共得到大约 6 000 条文献,表明近年来越来越多的学者在关注高校"课程思政"研究,主要研究内容可以分为以下六大类别:

第一类,以某一类课程为案例,探讨"课程思政"的路径研究。

以"基础英语"课程为例,从高校英语教学思想政治教育的必要性入手,结合具体案例,阐述如何将思政教育与高校英语课程相结合,从而达到"课程思政"融于英语教学的目的①;以"课程思政"的开展为契机,以有机化学课程为例,以学校平台及教师自身政治素养为依托,探讨教育教学全过程中专业课程的"德育"作用②;本文提出从三个方面入手:一是从意识、基础、能力三方面,全方位提高专业课教师的思想理论知识和素质;二是以实际问题为切入点,增强专业课堂思政内容的吸引力;三是丰富专业课堂

① 张若琳."课程思政"在高校英语教学中的探索与实践:以"基础英语"课程为例[J].智库时代,2019(41):123.

② 尹雪娜,杨珊珊,徐丹."课程思政"的思考与探索:以有机化学为例[J].大学教育,2019(12):96.

思政教育的教学方式，增加学生学习兴趣。[①]

第二类，关于高校“课程思政”的内涵探究。

中国特色社会主义进入新时代的各项战略目标要求高校各门课都要完成教学工作，同时做好思政工作。文本对新时代课程思政的内涵、难点和应对策略进行了基本的梳理和思考[②]，每一门课程都是思想政治课的载体，都是在传递主流的价值观，强调教师在授课过程中深挖人文教育，使知识内涵更加丰富；本文按照习近平总书记在全国高校思政工作会议上的讲话精神，阐述了工科类专业“课程思政”的必要性，同时就具体开展过程中的机制、师资力量及课程思政因素的挖潜问题进行了探讨[③]，强调通过挖掘各课程的思政元素和加强与专业课的联系来协同育人。

第三类，关于“课程思政”教学模式的路径探析。

本文着重分析互联网背景下高职思政实践教学模式创新优势，提出互联网背景下高职思政实践教学模式创新路径[④]，利用互联网技术，对高职学生进行思政教育，激发学生的学习兴趣，提高课程思政的专业性和贴近性；新时代高校思政课“混合式”教学模式坚持“以学生为中心”的教学理念，以提高新时代高校思政课教学质量和教学效果为目标，把现代信息技术运用于思政课传统课堂，采取线上教学和线下教学相结合的教学形式、过程性评价和结果性评价相结合的综合评价体系[⑤]，以习近平新时代中国特色社会主义思想为指导，促进现代教育技术与思政课程相结合。

---

① 周家乐，吴腾．思政教育融入专业课课堂的探索与实践：以《人工智能》课程为例[J]．教育现代化，2019，6(69)：175.

② 王学俭，石岩．新时代课程思政的内涵、特点、难点及应对策略[J]．新疆师范大学学报(哲学社会科学版)，2020，41(2)：34.

③ 张熙颖，孙东雨．工程类专业“课程思政”若干问题的思考[J]．居业，2019(9)：148.

④ 孙英华．互联网背景下高职思政实践教学模式创新路径[J]．佳木斯职业学院学报，2019(11)：8.

⑤ 李军刚．高校思想政治课“混合式”教学模式探索[J]．理论导刊，2019(11)：120.

第四类，关于"课程思政"教学改革的研究。

本文根据教学内容，提炼与之相关的思政元素，并进行整合形成一个思政元素教学体系，来实现课程思政三全育人目标①，通过在专业课程实行思政教育形式，帮助大学生树立世界观、人生观和价值观，教学中凸显课程思政的价值引领作用；以力学章节教学为实例，以马克思主义哲学原理为工具，加强学生辩证思维，渗透科技强国教育，培养具有社会责任感和高尚精神的工匠。通过将马哲等思政元素引入到教学中，开展物理课堂思政教学的多元化模式②，全面培养学生能力。

第五类，关于高职院校"课程思政"育人模式的研究。

以"素养语文"课程为例，提出高职语文课程思政教学改革的思路，在教学实践中融思政教育元素于任务设计、教学情境中，创设团队协作学习环境，建立多元化考核评价体系，寻找能力与素养培养的最佳契合点，发挥语文课程在高职院校人才培养中的重要作用③；天津电子信息职业技术学院积极探索"课程思政"育人模式，以协同与融合为理念，以强化教师引导和增强学生体验为关键环节，构建"平台—引导—体验—评价"的"课程思政"育人新模式④；在深刻把握高校"课程思政"改革的内涵、背景和意义，深入摸清高职院校"课程思政"改革的现实教情和学情基础之上，为切实促进高职"课程思政"顺利推行，笔者提出以下建议：一是坚持总体谋划布局，深入推进"课程思政"在高校的改革；二是主动转变教学理念，不断提升教师价值引领和品格熏陶能力；三是构建课程体系，创造全学科思政融

---

① 杜云. 日语专业"高级日语"课程思政教学改革研究[J]. 科教文汇(中旬刊)，2019(11)：176.

② 孙磊，陈绍敏，郭伟. 工匠精神的培育：大学物理融入课程思政改革探索：以"力学"章节教学为例[J]. 福建教育学院学报，2019，20(10)：76.

③ 高彦. 高职语文课程思政教学改革与实践[J]. 北京工业职业技术学院学报，2020，19(1)：104.

④ 何静. 高职院校"课程思政"育人模式研究：以天津电子信息职业技术学院为例[J]. 天津电大学报，2019，23(4)：68.

入氛围；四是重视高校教学调研，提高教学精准性和贴近性[①]，更加契合高职院校的学情。

第六类，关于“课程思政”的评价体系。

将课程思政涉及的要素进行整合，依次衡量是否达到标准或在某种程度上达到标准。高校应从教学目标、教学内容、教学主体、教学过程、教学方法、教学效果等角度进行反馈评价，以便更好地提高教学质量，促进高校课程思政的创新与完善。[②] 高校课程思政的评价体系应该遵循客观性原则，也要考虑到各个专业的特殊性，保持评价体系的稳定性和有效性。

二、在教学管理中践行“课程思政”的意义

推动思想政治理论课改革创新，要不断增强思政课程的理论性、统一性和亲和力。要坚持政治性和学思性相统一，用正确的学理和知识引导学生，使学生对课程有兴趣，乐于接受。深入挖掘思政元素，挖掘高校思政课的内涵，让广大青年成为思政课程改革的推动者与见证者，树立远大理想，检验知识成果。思想政治课是落实立德树人根本任务的主渠道，各高校不仅要做到思想政治课程创新，教师不断学习最新理论知识，在教学管理中也要实行“课程思政”理论，运用思政元素对学生进行德育教育。

（一）传播主流价值观念

做好高校思想政治工作，必须坚持正确的政治方向，执行党的政策方针，传播国家主流的价值观念。广大青年是祖国的未来，除了努力学习科学文化知识外，更应树立坚定的理想信念，拥有远大的抱负。在大是大非面前，坚定理想信仰，保持正确的政治觉悟，坚定中国特色社会主义“四个自信”。每一位青年都必须有爱国情怀，时刻关注社会最新发展，深入基层了解社会最新动态。大学生思想的独立性、差异性不断增强，在一定程

---

① 杨雪琴. 对高职院校“课程思政”改革路径的若干思考[J]. 学校党建与思想教育，2019(2)：41.

② 许耀元. 高校课程思政教学评价体系构建[J]. 智库时代，2020(3)：209.

度上有利于培养学生的创新能力、创业能力,同时,也可能会带来一些不可忽视的负面影响,部分学生存在政治信仰薄弱、价值观念扭曲、社会责任感缺乏等问题,需要高校教师主动地进行引导。

在教学管理中通过开展各种活动,有针对性、有条理性地向学生们传播中国主流的价值观念。在活动中给学生们思想启迪,引导学生们正确认识中国发展的趋势和国际形势,树立为远大理想抱负不懈奋斗的信心。学生们在政治课堂中学习了理论知识,在课外的实践活动中则更加理解思政理论,参加课后的各种实践活动,不断增强思政理论的亲和力和感染力。

特别是面对国际形势的变幻莫测,面对西方国家多元文化的冲击,大学生在思想上很容易受到影响。在目前新冠肺炎疫情全球蔓延的形势下,不乏有些国家恶意诋毁中国,在各类平台中传播错误的言论,当代青年要提高思想政治站位,提升明辨是非的能力,对国际错误的言论有自主的判断能力,掌握中国发展趋势和政策方针,主动传播正确的价值观,做合格新时代好青年。

(二)厚植爱国主义情怀

在学院中开展各类课外活动,可以以班级为单位,深入设计各类活动环节。教学管理活动开展前,行政教师联合学院辅导员要了解学生的思想状态和学习情况。教学管理活动中,以立德树人为根本目标,以培养爱国主义情怀为重点,深入进行弘扬民族精神的教育。民族文化是我们国家的根,是历史文化的传承,民族精神是我们的精神支柱和精神寄托。当今世界局势复杂,各国文化相互冲击,青年必须以坚定的信心和毅力,更好地传承爱国主义精神。

深入开展中国革命传统教育,培养热爱和平、坚强自律、不畏艰险、勇于创新的精神,深入树立民族自尊心、自信心,传承民族文化。广大教师要和新时代接轨,不断学习最新理论知识,提升实践水平,努力培养有责任、有担当、有爱国情怀的大学生。

广大青年是爱国主义教育的重点人群,要把爱国主义教育贯穿于课程的各环节，充分体现课堂教学的主渠道作用，教师引领学生培养爱国情怀，让爱国主义情怀在青年心中扎根发芽。

弘扬爱国主义精神，必须要牢记历史，牢记中国共产党的奋斗史，珍惜新时代的和平生活。教师要带领大学生主动了解历史、学习历史，开展丰富多彩的课外活动，以更加贴合时代的主题活动，不断增强大学生的爱国主义情怀。

三、教学管理中的保障措施

本文以习近平总书记在全国高校思想政治工作会议发表重要讲话为契机，以教学管理活动保障措施为主线，开展管理活动，坚持实践原则，探讨教学管理活动反馈，以教学管理活动设计、活动开展、活动反馈作为主要内容，提炼管理活动措施，作为当前高校管理活动的借鉴。

从教学管理的角度出发，结合学生心理发展规律，推动思想教育方式、方法的创新，凸显高等教育的特性，除了考虑在日常教学过程结合思政理念，在管理过程中也要重视思政教育。通过访谈法，了解学生们近期的思想状态，针对思想状况异常的学生单独约谈，并进行合理的干预。

挖掘思政元素，从管理角度思考：第一，与思想政治课、专业课教师讨论，如何在管理中践行“课程思政”理念，做到全程育人；第二，在课后可以组织学生参加中国传统美食的制作，传播美食文化；第三，在会议室一起观看《战狼》《我和我的祖国》等主题的电影，共同赏析电影；第四，周末以班级为单位去白公馆、渣滓洞、红岩魂广场等地参观，培养爱国情怀；第五，鼓励学生参加各类赛事，以多种形式的实践活动来提高学生的政治理论素养。

教师根据具体的时间节点开展对应的活动，例如清明节可以组织学生到白公馆、渣滓洞等革命景区参观，了解中国革命的历史，提高学生的爱国情怀，增强学生的文化认同感，正确认识时代责任。

（一）组织学生参与传统美食制作

美食文化博大精深，背后也蕴含着中国的传统文化，在课后可以组织学生一同制作中国的传统美食，品味美食，探讨美食文化。在独立实践周可以安排学生分班级参与美食的制作，邀请教师和学生共同制作比如水饺、汤圆这类有代表性的中国美食。

教师在和同学们一同制作美食时，可以探讨中国关于美食的古诗词。在活动中培养学生们对中国美食的热爱，积极主动地学习中国传统文化，在活动中加强对学生传统文化的培养，强化民族精神，使学生们自觉传播中国传统文化。

（二）师生共同观看爱国题材电影

新时代我们要继续加强爱国主义教育，增加校园实践活动，运用新媒体技术，深入开展爱国教育、国情教育，提高学生的互动性和参与性，有计划、有主题地开展爱国主题教育活动。

电影《战狼2》以其爱国主题，制作精良，获得大家好评。教师可以组织学生利用课后时间，带领学生们观看《战狼2》，观看后让学生们分享自己的感受，探讨电影主题。

当代大学生要自觉接受爱国主义教育，高校要运用合理的教育方式，推动和保障学生们乐于接受爱国主义教育，利用互联网推动爱国主义内容的网络建设，加强网络舆论的引导，开展形式多样的教育活动。教师要教育和引导学生正确认识中国发展的趋势，掌握习近平新时代中国特色社会主义思想，提倡理性、包容、开放、自信的爱国主义。弘扬爱国主义是高校的使命，是新时代的主题，也是时代发展的精神支柱。

（三）参观红色革命基地

四川外国语大学背靠歌乐山，拥有优质的自然资源，同时也紧邻白公馆、渣滓洞和红岩魂广场、红岩魂陈列馆等红色革命景区。教师要主动利用学校周边的红色景区资源，周末时间可以分班级带领学生们参观景区。

歌乐山烈士墓陵园位于沙坪坝区歌乐山，毗邻四川外国语大学校园。课外时间教师组织同学们参观红色革命景区，了解革命历史故事，深入了解中国共产党的发展史，传承红色革命精神。学生们学习了一年之后，掌握了基本的非通用语发音、会话技能,学生们可以带学校的留学生去参观周边的红岩景区,为留学生主动翻译景区的历史、人文故事,积极成为民族精神的传承者和践行者,让留学生主动了解中国革命发展史、重庆壮烈的解放史。在全国人民齐心协力加快实现中华民族伟大复兴的"中国梦"的新形势下,参观红色革命景区,对于提升大学生的民族自信心和凝聚力,有着积极的重要意义。

(四)鼓励学生参加各类赛事

教师要鼓励学生积极参加"互联网+"大赛、"全国大学生创新创业大赛"、全国大学生电子商务"创新、创意及创业"挑战赛等项目,此类活动能激发大学生的创造力,提高他们的创新能力、团队协作能力和实践能力,有利于大学生将学到的专业知识服务于社会。

在日常教学过程中,将国家、重庆市、学校各级各类比赛的信息及时告知学生;参加各类比赛时,学院专业教师给予学生专业上的具体指导,在项目申报过程中加强沟通协作,锻炼学生的写作能力、交际能力与沟通能力。从教学管理角度而言,行政教师可以给予项目在实际应用方面的建议,在申报书写作过程中给学生提供相应的帮助,进一步明确修改方向。

四、教学管理中的有效途径

坚持政治教育与社会实践相结合。既重视大学生的课堂教学质量,又积极引导大学生融入社会,了解行业最新动态。在课程教育中学生们掌握了扎实的专业知识,在之后的学习中需要多地融入社会,特别是在大三、大四阶段,了解社会的就业现状和本专业的就业情况,为更好就业做足充分的准备。学校相关规定要求大四毕业生需要修读实习学分,鼓励大学生利用大四时间去企业、政府部门等实习,检验自己的专业知识,了解行业发展,为更好地就业做好准备。引导大学生将所学知识服务于社会,促进行业发展,承担社会责任。

坚持高校教育与管理相结合的方式。在高校管理活动中融入思政理念，建立适合学校的管理机制，提高学生的自律性。对于大学生在学习过程中出现的思想、情绪、心理等问题，班级的心理委员要定期开展心理疏导活动，将结果反馈给辅导员。学校管理人员及时掌握相关情况，对相关学生开展思想政治教育，针对不同的心理问题进行疏导，有必要时可联系学校的心理中心咨询老师。在沟通时尊重学生、理解学生，采取科学的方法引导学生，重视思想政治教育的效果。结合当代大学生身心发展的规律，培养大学生良好的心理素质，关注学生心理健康。

积极开展校园文化建设。展示学院办学特点的校园文化，形成优秀的校风、学风。加强大学生的文化素质培养，开展丰富多彩的体育、文艺、学生赛事等活动，把德育与美育、体育相结合，在实践活动中体现思想政治教育的内涵与发展。特别是在校庆、学院活动、教学实践周时，开展具有专业特色、主题鲜明的教育活动，重视校园文化环境的建设。为学生提供环境良好的活动场所，保证教学活动的效果，充分发挥校园文化的育人功能。

五、结语

高校管理活动与教学活动是相辅相成、紧密结合的，有条理、有系统的管理措施有利于学生的思想建设工作，因此，将“课程思政”理念融入高校管理活动具有重要的实践意义。在教学管理活动中贯穿思政理念，是帮助学生树立正确人生观、世界观、价值观的重要途径，促进学生在知识和品德方面更好成长。高校教师不仅要教授学生专业知识，更要掌握学生的心理动态，重视对学生思想的引导。把理论教育和实践育人结合起来，改进教学方法与教学管理。各个教学环节环环相扣，在融入思政理念的实践活动中，尊重学生、关爱学生，给学生人格、品行、道德以良好的影响，帮助学生成才。

在教学管理活动中组织学生参与中国传统美食制作；组织观看爱国题材电影；参观红色革命基地；鼓励学生参加各类赛事，将“课程思政”教育理念融入管理活动中，主动关注学生的心理健康。鼓励学生将所学理论知识运用于实践，在社会实践中检验知识，增强本领。坚持理论教育与社会实践相结合，坚持高校教育与管理相结合，积极投入校园文化建设，思考高校管理的有效途径，提升教学管理过程中课程思政育人的效果。高校教师要承担更多的责任，用思政理念育人，培养更多优秀的社会主义合格建设者和可靠接班人。

基于课程思政理念的“基础捷克语”教学改革与实践*

杨杏初①
（四川外国语大学西方语言文化学院 重庆 400031）

摘要：将思想政治教育融入通识课程及专业课程教育教学中，以培养服务于社会主义建设的高素质人才，“课程思政”俨然已成为高校教育改革的一大趋势。高校非通用语专业必须紧跟时代要求，积极探索思政教育融入专业课程教学的有效路径，加强对学生的社会主义核心价值观教育，培养有理想、有本领、有担当的新时代非通用语优质人才。本文以课程思政理念为指导，剖析了“基础捷克语”课程特色和教学现状，探讨了“基础捷克语”教学融入思政教育的理论依据，并对课程思政理念下的“基础捷克语”教学进行了初步的探索。

关键词：课程思政理念　“基础捷克语”　教学改革与实践

---

* 本论文是四川外国语大学教改项目“课程思政融入‘基础捷克语’教学实施路径研究（项目编号：JY2146246）”阶段性成果之一。

① 杨杏初，女，1995 年生，在读硕士，捷克语专业教师。主要研究方向：历史学、区域国别研究。

长期以来，我国高校思政理论课教学与专业课程教学存在断裂现象，专业课程一味偏重知识技能的传授，而忽略了对学生的价值观教育。高校教育要真正实现“立德树人”的根本任务，专业课程必须兼顾专业技能传授与价值观引领，把思政教育有机融入专业课程教学中，充分发挥专业课程的隐性育人功能，形成专业课程教学与思政理论课教学紧密结合、同向同行的育人格局。高校思想政治教育工作应结合校情、学情及课程特色，寻求专业课程融入思政教育的有效路径，思想政治理论课要坚持在改进中加强，不断提升思想政治教育的亲和力和针对性，其他各门课都要守好一段渠、种好责任田。①

自“一带一路”倡议提出，我国与沿线国家交往日渐频繁，双边交流与合作的开展亟需高水平非通用语人才服务，高校非通用语人才培养的重要性和紧迫性日益显现。高校非通用语专业要牢牢把握新时代人才培养目标，创新教学设计，把思政教育有效融入到专业课程教学中。笔者以课程思政理念为指导，结合“基础捷克语”课程特色，挖掘“基础捷克语”课程本身所蕴含的思政元素，灵活运用多种教学方法将其融入“基础捷克语”教学中，通过课前导入、课中讲授及课后巩固三个环节帮助学生内化思政教育，初步探索了思政教育融入捷克语专业课程教学的有效路径。

一、思政教育融入“基础捷克语”教学的必要性

（一）“基础捷克语”课程特点

“基础捷克语”是捷克语专业学生的基础性必修课程，是捷克语专业课程体系中不可缺少的组成部分。“基础捷克语”课程旨在为捷克语专业学生打下坚实的语言基础，同时通过多样化的主题内容激发学生对捷克语的学习兴趣。作为捷克语专业学生学习捷克语语言知识的基础性课程，

① 吴晶，胡浩．习近平在全国高校思想政治工作会议上强调把思想政治工作贯穿教育教学全过程开创我国高等教育事业发展新局面[J]．中国高等教育，2016(24)：5-7.

“基础捷克语”课程主要讲授基础的语言知识,包括捷克语字母发音、一般发音规则、常用词汇及短语、初级语法知识及短文对话等内容,旨在让学生掌握捷克语发音规则和简单的日常表达,如自我介绍、互相问候、超市购物、找人问路等;学习初级语法知识,建立大致的捷克语语法框架。此外,为加深学生对捷克国情及文化的了解,教师会根据课文内容及教学实际需求进行补充、拓展,适当地向学生介绍捷克的风俗文化、捷克历史、捷克民族、捷克名人、捷克政府乃至中捷关系等内容。课程主题多样化,具有十分丰富的思政元素和德育资源可供挖掘,且专业语言知识学习难度相对较小,学生学习新知识的热情较高,有利于思政教育在“基础捷克语”教学中的融入。

(二)“基础捷克语”教学现状

此前很长一段时间内,我国对高校非通用语专业建设的重视度不高,支持力度不强,直到近年来随着国际性区域合作的开展和“一带一路”倡议的提出,我国与非通用语国家的合作与交流日益增多,对非通用语人才的需求逐渐增加,同时对非通用语人才的质量要求也越来越高,使得更多人开始关注到高校非通用语专业的建设与发展。就高校捷克语专业而言,受国际关系及市场环境影响,过去只有北京外国语大学开设此专业,且实行隔年招生,小班教学。随着“一带一路”倡议的提出,已有多所高校或增设了捷克语专业,或进行了专业扩招,捷克语师生队伍逐渐壮大,但也暴露出了较多的问题,以下是在“基础捷克语”教学中普遍存在的几个问题。

一是教材问题,“基础捷克语”教学缺少充足的教材资源。现有的几本捷克语教材出版年份较早,又未能及时更新,教材整体排版和语料都已不适用于现在的捷克语教学,旧版教材偏重读写训练,轻视听说能力的培养,不重视语言的输出,造成了“高分低能”的现象。但由于目前尚无可替代的适用于“基础捷克语”教学的新版教材,教师只能沿用旧版教材,但若教师不主动补充教学内容,创新教学设计,一味地依赖脱离现实的教材,“照本宣科”式的教学无法激起学生的学习兴趣,难以达到理想的教学效果。

二是教学模式问题。在“基础捷克语”的教学中,大多数教师继承了传统的教学模式,教师在教学过程中占据主体地位,不顾学生的能力水平和学习需求,主观地决定教学进程。教师采用不断反复和灌输的教学策略,而学生课上忙着抄写笔记,没有足够的思考空间和时间,课后难以内化,只能死记硬背。这种教学模式下,课堂上只有教师“滔滔不绝”,而学生只是一味地被动式学习,不主动参与教学活动,课堂氛围沉闷乏味。长此以往,教师和学生都会对课堂失去热情与兴趣。

三是师资问题。为响应国家号召,服务“一带一路”倡议,多所高校扩招或增设了捷克语专业,但由于国内现有的捷克语人才过少,高水平的捷克语科研人才和具有授课经验的捷克语教师更是少见,高校不得不降低学历要求来招聘教师,导致捷克语专业师资力量整体较薄弱,新进的年轻教师缺乏授课经验,教学实践能力和科研能力都有待提升。

四是忽视对学生的思想政治教育问题。许多专业老师对思政教育的认识存在误区,只是以“育才”为己任,而忽视了“育德”工作,没有认识到专业课程所具有的隐性思政教育功能。高校捷克语专业课程的设置多以语言知识传授、专业能力培养为教学目标,专业课程中教学大纲的制定、教学内容及教学过程的设计、教学评价的设置往往也只是为了实现语言知识点的讲解、传授,发展学生的语言技能,从而忽视了专业课程隐性功能的发挥。“基础捷克语”是捷克语专业学生学习捷克语语言知识的基础性课程,也是学生多方面了解捷克文化的综合性课程,教师在传授语言知识的同时,应注重培养学生的国际视野,增强学生的民族认同感和自豪感。

(三)“基础捷克语”融入思政教育的理论支撑

“立德树人”是高校教育的根本任务,思政教育要融入高校教育教学的全过程,专业及通识课程都要充分发挥其隐性功能,与思想政治理论课程形成协同效应，以实现全员、全方位、全过程的育人格局。[①] 自“课程思政”理念被提出，各高校学者们对“课程思政”教学模式进行了不懈的探索与实践。有效融入思想政治教育，推动专业课程与通识课程育人功能的发挥，全面实现“课程思政”，已然成了新时代高校教育改革的主题之一。

“课程思政”是我国新时代提出的最新教育发展理念，符合国家、社会及人才的发展需求。“课程思政”要求专业课程的教学兼顾知识传授和价值引领，既要发展学生的专业技能，更要发展学生的情感价值，培养兼具“德”与“才”的高素质人才。“课程思政”作为新时代我国高校教育实践最新发展的理念有其独特的先进性和科学性，符合社会主义现代化建设的需求，满足人才全面发展的需要。“课程思政”与卢梭的人的全面发展理论有着统一性，都以实现人的发展为出发点和最终目标，包括学生的技能发展及思想情感的发展，[②]可以说，“课程思政”是卢梭的全面发展理论在中国高校教育现阶段的具体体现。

二、基于课程思政理念的“基础捷克语”教学方案

现行的“基础捷克语”教学模式显然不能满足新时代对捷克语人才的需求，高校捷克语专业建设必须以课程思政理念为指导，围绕捷克语专业“为谁培养人、培养什么人、怎样培养人”这三个问题，完善人才培养方案，丰富教学内容，不断优化教学模式。实施新的教学模式，要勇于探索、敢于尝试，需同时修订教学目标、调整教学内容、改进教学手段、做好教学设计。笔者以课程思政理念为指导，以小单位的课堂教学为基础，从课前准备、课中融入及课后巩固三个方面设计融入思政元素的教学方案，以探索在“基础捷克语”课堂教学中融入思想政治教育的有效路径。

---

① 吴晶，胡浩．习近平在全国高校思想政治工作会议上强调把思想政治工作贯穿教育教学全过程开创我国高等教育事业发展新局面[J]．中国高等教育，2016(24)：5-7.

② 陈红美．大学英语“课程思政”教学模式探索与实践[J]．智库时代，2018(51)：17，19.

（一）课前准备

把思政教育融入“基础捷克语”课堂教学中，首先需搜集思政育人资源，“基础捷克语”作为一门基础性语言课程，兼具工具性和人文性，课程本身蕴含了丰富的思政元素。教师可结合课堂教学主题，制订相应的思政育人目标，充分挖掘“基础捷克语”课程中的思政元素，同时利用互联网搜集大量与育人主题相适应的思政资源，但教师在搜集思政资源时应注意以下几点：一、材料的准确性，教师需做好第一步的把关工作，思政教育旨在对学生进行正确的价值观引领，应淘汰不符合社会主义核心价值观及其他不利于学生发展的材料；二、材料的时效性，结合时事，选取与学生紧密相关的或发生在学生周边的典型案例；三、材料的可读性，冗长、复杂的材料易使学生产生畏难情绪，失去学习兴趣；四、材料的多样性，除文本资料外，还可选择图表、音频及视频等多种形式的材料，用视听感官接受信息，让学生“身临其境”。初步搜集到的资料是杂乱无序的，教师需按照课堂育人主题从中选取适宜的思政材料。教师应在课前设计好教学环节，如采取何种教学方法、怎样组织互动环节、如何帮助学生实现课堂知识内化等，课堂教学时间有限，教师亦可将简单、易懂的材料先发送给学生，引导学生进行课前预习，以便在课堂中开展进一步的讨论或学习。

（二）课堂讲授

如何把思政教育有效地融入专业课程教学中是实现“课程思政”的一大难点，多位学者对此进行了多方位的探索，大多数研究都围绕教学目标、教学内容、教学方法、教学评价及教学管理等宏观层面，但对如何在一节45分钟或90分钟的课堂教学中有效融入思政教育的研究却较为少见。笔者以为，专业课程教学应明确其专业育人目标和思政育人目标，既重视专业知识的传授，又注重对学生的思政教育，不可顾此失彼。一节45分钟的课堂，教师可用30～40分钟来讲解专业知识，穿插5～15分钟的思政教育，可通过课前导入、课中讨论或课后思考等方式融入思政教育。“课程思政”不是简单的“课程加思政”，而是在课程教学中有机融入理想信念教育，使二者紧密结合，融为一体，以达到“润物无声”的育人效果。以“基础捷克语”课程为例，思政教育的融入要找到切入点，根据课堂主题设定相应的思政育人目标，搜集、整合相关的思政资源，然后通过多种教学手段将思政内容自然地嵌入专业课堂教学中。

教师要创新教学设计，探索思政教育融入专业课程教学的多种路径，不可照搬思政理论课的教学模式。教师可利用多媒体教学手段以及线上教学平台，给以学生听觉与视觉上的刺激，渲染氛围，让学生“置身其中”，如此可以给学生更深刻的体验感，有助于激发学生的学习兴趣，提升参与度。教师结合课堂主题，精心设计教学互动环节，通过设置高质量的问题和多样化的讨论活动，将思政内容自然地融入课堂教学活动中，适时引导并鼓励学生与同学合作，自信地表达想法，让学生成为课堂的主体，主动参与教学互动。教师作为课堂的设计者和引导者，应关注学生的学习需求，满足学生的求知欲，充分发挥学生的主观能动性。

（三）课后内化

基于课堂学习的内容设置课后任务是帮助学生巩固与内化知识的有效办法，教师可根据课堂思政教育内容布置相关的反思性或探究性任务，通过课后任务引导学生内化课堂上学习的思政教育内容，并实现自我的提升与发展，反思性学习任务可以让学生有意识地进行自我总结与评价，而探究性任务可以培养学生的问题意识，增强学生的自主学习能力，把课堂上学习的思政内容内化于心，外化于行。

三、“基础捷克语”教学案例

笔者以“基础捷克语”课程中的“交通”和“健康”两个主题为例，阐释如何在“基础捷克语”课堂教学中融入思政教育。

（一）交通

这一章的讲授以交通方式为主题，以学生掌握交通相关词汇、语法及常用表达，了解捷克的交通工具及其特点为课堂教学目标，在此章教学中，可将中捷交通工具及其特点进行对比，引导学生更加深刻地体会中国速度，增强学生的民族认同感与文化自信。

课前，首先需明确课堂教学目标，本节课堂以让学生掌握捷克交通方式相关词汇及表达，加深对我国交通工具特点及发展历程的了解为教学目标。其次，利用互联网广泛搜集与中捷交通相关的思政教育资料，尤其是走出国门的名片——中国高铁。最后，将整理好的资料和学习要求在课前发送给学生：(1)课文重难点词汇讲解 PPT，预习课文；(2)观看中捷交通工具介绍的短视频，试列举中捷交通工具；(3)根据视频及自主搜集的材料，试写出排名前三的中捷最受欢迎的交通工具，并阐明理由。

课中，在讲解完课文、词汇及常用表达后，利用课前布置的两个思考题导入思政教育内容。播放介绍中国高铁发展历程的短片，让学生在视听中真切地体会我国科技的飞速发展。然后，根据视频内容设置相关的问题，让学生一起讨论：(1)中国高铁发展如此迅速的原因；(2)中国高铁还有哪些需要改进的地方。教师要给足学生思考和讨论的时间，让学生在相互的交流中认识到中国高铁作为我国走向世界的一张闪亮的名片，在其飞速发展的背后有着无数人付出的心血，增强学生的民族自豪感。引导学生了解中国高铁光彩闪耀的一面，同时，也要正视中国高铁发展面临的问题，鼓励学生用辩证的思维、批判的精神去看待问题，积极思考，培养学生的思辨能力。对学生小组代表的发言，教师不去批判学生发言内容的对错，营造自由轻松的氛围，让学生畅所欲言，但要对学生的思维逻辑及价值观进行正确的引导，而后进行系统总结，进一步升华育人主题。

课后，布置探究性学习任务：(1)用捷克语向外国友人介绍中国高铁；(2)中捷地铁对比研究，两个任务二选一。课后两个任务难度相仿，都需要学生结合课上学习内容，通过课后自主学习完成，一方面可以拓展学生的知识面，另一方面可以锻炼学生的自主学习能力。除此之外，二选一的课后任务布置方式，为学生提供了选择权，使学生拥有了一定的自主权，有助于增强学生的学习动力。

(二)健康

这一章以健康为主题,目标在于让学生通过课文学会用捷克语表达身体的不适,学会与医生对话,理解常见的医嘱等内容。在这一章的教学中,可以结合时事——新冠肺炎疫情,在教学中融入思政教育,传授疫情防范措施,了解我国及世界疫情最新情况,致敬在疫情中奋战在一线的医务工作人员。

课前,首先要明确本节课的教学目标是让学生了解与健康和疫情相关的词汇及常用表达,同时让学生了解新冠肺炎疫情的严峻形势和冲在防疫第一线的医务人员的艰辛。教师筛选疫情资料时,应尽可能囊括与疫情相关的各方面的资料,包括疫情的爆发、感染病例及死亡率、疫情防控措施、医务人员、疫苗研发及接种、疫情中的感人事迹等主题的材料,让学生对新冠疫情有系统的认识,了解疫情发展的最新情况,掌握疫情期间的防护措施。教师在课前将以下资料包发送给学生:(1)疫情相关的捷克语词汇讲解 PPT;(2)新冠肺炎疫情报道及应对疫情的相关政策资料;(3)疫情科普短片。让学生了解时事的同时,掌握相关的捷克语表达,拓展词汇量,通过这些资料让学生对疫情有进一步的了解。

课中,用最新疫情发展形势导入,让学生结合课前资料的学习说说自己对疫情的了解。然后,让学生观看一线医务人员访谈视频,与视频中的医务人员"共历生死",真切地体验医务工作者的艰辛,然后组织学生分小组就以下两个问题进行讨论:(1)谈谈我国能迅速控制疫情的原因。(2)如果你是那些的医务工作人员的亲属,你的想法是……在这过程中教师要求学生自主思考,引导学生全面看问题,鼓励每个小组成员先表达自己的观点与看法,然后一起梳理小组讨论意见。通过这两个话题的讨论,加深学生对我国应对突发疫情所作出的紧急部署以及实行的相关政策的认识,感受到坚持为人民服务的党中央对疫情的重视以及对每一个生命的珍视,进一步了解危急时刻奋战在一线的医务工作人员的辛苦,引导学生树立敬畏生命的理念,培养学生敢于拼搏、爱国敬业、积极乐观等优秀品质。

课后，学习任务的布置旨在引导学生正确看待疫情发展，不过分焦虑，也不放松警惕。疫情虽得到了有效控制，但疫情防控工作不容轻视，故课后任务的设置以重视疫情防护为主要目标，教师可布置如题为“疫情防控，我能做什么？”的开放性探究任务，或制作捷克语版的疫情防控宣传标语或画报，让学生对当前疫情形势有正确的认识，鼓励学生展示才能，充分发挥想象力，将专业知识与思政内容融为一体。

四、实践反思

教学改革需要长期的积累和不懈的探索。课程思政理念下的“基础捷克语”教学改革不可能一蹴而就，在专业教学中融入思政教育也不是教师在课堂上简单地讲讲思政内容，这样的思政教育流于表面，止于形式，并非真正意义上的“课程思政”。“课程思政”理念要求将思政教育自然地融入专业教学中，充分发挥专业课程的隐性育人功能，实现二者的有机结合，这对教师和学生都提出了更高的要求。以下是笔者对“基础捷克语”教学融入思政教育的几点反思。

（一）师资队伍

首先教师须认识到课程思政建设不是短期可以实现的，教师要做好打长期攻坚战的心理准备。教师作为推动课程思政建设的核心力量和影响课程思政建设工作的决定性要素之一，要充分发挥其主力军作用。首先，教师需增强课程思政意识，树立课程思政育人理念，形成课程思政育人自觉，利用课堂教学主渠道把思政理念有机融入专业课程教学中，寓价值观引导于知识传授和能力培养中。其次，教师应主动参加课程思政建设主题的培训和讲座，提升课程思政元素挖掘能力和课程思政教学组织能力。再者，学校应建立健全课程思政建设评价激励机制，以增强教师的主动性和积极性。

(二)学生主体意识

基于课程思政理念的教学模式以传统教学模式为基础,但应先进于传统教学模式。传统教学模式下教师占主体地位,学生在整个教学过程中处于被动,学生的学习主动性被忽视。从以教师为主向以学生为主转变是现代教学改革的大趋势,“课程思政”下的新型教学模式追求学生的全面发展,既关注学生专业技能的培养,也注重学生情感价值的发展,同时要使学生主动参与教学过程,积极与老师互动。作为认知主体的学生主动参与教学过程,可以达到事半功倍的效果,教师在设计课堂时应注意引导学生学习主观能动性的发挥,给予学生一定的自主权,给足学生思考和表达自我的时间和空间。同时,学生也应增强主体意识,积极参与课堂互动,自主完成课后任务,形成良好的学习习惯和正确的三观,树立远大理想。

(三)思政资源库

以网络平台为依托,建设思政教育资源库,丰富思政教学资源是十分必要的,思政教育资源库的建设是实现专业课程“课程思政”的前提条件和重要保障。要将思政教育融入专业课程教学中,充分发挥专业课程的育人功能,需先挖掘专业课程中蕴含的思政元素,以此为基础,然后利用互联网广泛地搜集思政教育资源,并将搜集的资料按育人主题进行整理。思政资源库建设工作量巨大,要靠任课教师们齐心协力,一起补充、拓展、完善资源库,同时要紧跟时事,不断填充新的思政材料。

(四)教学手段

长期以来思政理论课给人留下了刻板化印象,学生对沉重的话题、冗长的文本资料、枯燥的理论不免有抗拒心理,专业教师在专业课程教学中融入思政教育时必须创新教学手段,要充分利用互联网及多媒体技术,丰富思政教学资料的展现形式和教师课堂讲授方式,灵活运用情景教学法、演示法、案例教学法和讨论法等教学方法,借助网络教学平台给学生发送课前资料及课后任务,组织学生在线答疑或讨论,以提高学生的学习主动性。

五、结语

实践证明，“基础捷克语”课程蕴含着丰富的思政元素，课程思政理念下的“基础捷克语”教学可以将专业知识与思政教育进行有效融合，专业教师在传授学生专业技能的同时，也注重发展学生的情感价值。课程思政理念下的“基础捷克语”教学改革与实践仅仅是对捷克语专业课程教学融入思政教育的一个初步探索，要全面实现捷克语专业的“课程思政”，把思政教育完全融入捷克语专业教育教学的全过程仍需不断地实践与探索，需教师、学生及学校三方面通力合作，教师应增强课程思政建设意识，提升课程思政建设能力；学生应主动学习、增强思政学习能力；学校则应完善课程思政建设评价激励机制，营造良好的思政教育氛围。

后疫情时期高校外教跨文化管理研究*

胡兰花①

（重庆轻工职业学院 重庆 401329）

摘要：高校外教是推动我国高等教育国际化的重要力量。因此，做好后疫情时期高校外教的跨文化管理工作尤为重要。鉴于此，本研究结合笔者的实际外事工作经验，主要探究后疫情时期高校外教跨文化管理方面面临的挑战，并分析影响后疫情时期高校外教跨文化管理的外部因素和内部因素，进而尝试从外教引进前、引进后、工作中和离职四个阶段提出全方位、全系统和全过程的跨文化管理策略，以期为后疫情时期高校外教相关管理工作提供参考，同时丰富相关研究。

关键词：后疫情　高校外教　跨文化管理

---

* 本文系2020年四川外国语大学校级教学改革项目"高校来华外籍教师跨文化适应问题研究——以重庆非通用语学院为例"（项目编号：JY2062239）的阶段性成果。

① 胡兰花，女，1996年生，硕士。主要研究方向：跨文化交际、语用学、认知语言学、社会语言学。

一、引言

高校外教是推动我国高等教育国际化的重要力量，是教育无国界、文化无国界、科技无国界和学习无国界的有力推动者和践行者。然而，新冠肺炎疫情的爆发给教育领域带来了巨大冲击，再加上疫情的复杂性和多变性，使得后疫情时期高校外教的跨文化管理工作面临诸多更加严峻的挑战。

从现实情况来看，如果高校不加强后疫情时期外教的跨文化管理工作，那么外教聘用效益的最大发挥将在很大程度上受到影响，进而影响我国高等教育国际化的提升以及国家对外“引智”工程和中外人文交流工作的向前发展。为此，深入研究后疫情时期高校外教的跨文化管理工作具有重要性、必要性和迫切性。

鉴于此，本研究结合笔者的实际外事工作经验，主要探究后疫情时期高校外教跨文化管理方面面临的挑战，并分析影响后疫情时期高校外教跨文化管理的外部因素和内部因素，进而尝试从外教引进前、引进后、工作中和离职四个阶段提出全方位、全系统和全过程的跨文化管理策略，以期为高校外教管理工作提供参考。

二、跨文化管理

（一）文化差异

霍夫斯坦特认为“文化”指的是在同一个环境中的人所拥有的“共同的心理程序”。[①] 正如唯物辩证法所说，任何事物之间都存在共性和个性。那么，人类文化也不例外。但是，由于历史环境、地理空间、宗教信仰、价值观等差异，人们对不同的事物和经历就会产生不同的编码、解码和分类。

---

① 曹爱娥，胡建国. 基于中西文化差异的高校外籍教师跨文化管理分析[J]. 南阳理工学院学报，2012，4（3）：60.

自然而然，不同民族间的文化就会不同。因此，所谓的文化差异就是因文化背景不同而使得特定的人群之间遵循不同的价值评价标准和行为准则，从而导致他们对特定事物有了不同的态度和看法。

（二）文化冲突

“人们在文化取向、价值观念、社会规范和生活方式等方面的差异会导致他们在编码过程、言语和非言语行为以及篇章或话语组织方面的差异，这种差异阻碍着跨文化交际的准确性和有效性，造成彼此的误解甚至敌视”。[①] 由此可见，来自世界各国且有自己独特文化特性的外教到中国高校任教并成为高校的管理对象时，就必然会产生“文化冲突”现象，这一现象是高校外教跨文化管理工作中不容忽视的内容，是跨文化管理的重点和难点。

（三）跨文化管理

跨文化管理指的是“对涉及不同文化背景的群体在交互作用过程中出现矛盾和冲突时，加入对应文化适应措施，进行领导、组织、协调与控制的管理活动，从而有效地克服异质文化的冲突，高效地实现文化的有效融合”。[②]

由于文化差异的存在会导致文化冲突的产生，因此为减少跨文化冲突的发生，跨文化管理就成为必然事件。因此，为使高校外教与外教、外教与中教、外教与学生、外教与管理人员之间更加和谐共处，高校外教管理人员就必须做好卓有成效的外教跨文化管理工作，以充分发挥外教的最大聘用效益。

---

①② 曹爱娥，胡建国. 基于中西文化差异的高校外籍教师跨文化管理分析［J］. 南阳理工学院学报，2012，4（3）：60.

三、后疫情时期高校外教跨文化管理面临的挑战

（一）外教的教学效果难掌握

疫情爆发前，部分外教选择留在中国深入体验中国文化，而部分外教选择回本国缓解思乡之情。但是，突如其来的新冠肺炎疫情和其随后在全球的大肆蔓延阻断了身处国外外教返回中国工作的道路，而且还打破了传统的实体教学模式。对此，各高校结合自身实际，借助腾讯会议、Zoom、企业微信等多种平台及时开展网络教学，以贯彻教育部“停课不停学、停课不停教”的精神。不过，网络教学是一把双刃剑：一方面可让身居国外的外教在教学方面跨越空间障碍，实现了“远程教学”；另一方面则使得课堂互动人数和互动方式受限，再加上师生双方不能面对面沟通交流，导致外教并不能真正了解学生的学习情况，学生也难以跟外教进行深入讨论来解决学习过程中遇到的问题，进而导致外教本人难以掌握网络教学的真正效果。

（二）外教的管理成本高

疫情期间在中东欧国家的外教，常常由于时差问题而无法及时收到与工作和管理相关的通知，使得中方合作教师和外教管理人员也不能及时得到相关答复，导致相互之间无法进行及时的沟通和交流。再者，由于空间距离的限制，中方合作教师和外教管理人员更不可能召开面对面的会议与外教深入探讨工作和生活中遇到的困难和问题。除此之外，由于社交习惯方面的差异，回国外教更倾向于使用本国的社交软件，使得外教管理人员通过我国社交软件向外教发送通知后长时间得不到答复，于是不得不请专业负责教师帮忙处理。上述情况，不仅影响对外教的管理效率，而且提高了对外教的管理成本。

（三）外教的语言文化障碍多

高校外教来自世界不同国家，他们在语言、价值观、思维模式、文化背

景、宗教信仰等方面本来就存在诸多差异，而疫情的爆发给其工作和生活更是带来了许多不便。第一，外教对我国的文化及后疫情时期的教学管理制度、学生的学习情况没有系统、深入的了解。第二，由于我国教师在教学过程中强调学生对语言知识的习得，缺乏对语言对象国文化的导入，因此大多数学生的语言运用能力及文化差异理解能力还不强，加上外教对学生实际的语言能力没有深入的了解，导致外教和学生们在沟通中因缺乏文化了解而出现沟通不畅甚至误解的情况。

（四）外教的语言文化涵养不高

高校外教来自世界不同国家，而且大部分外教初次来华，他们对中国的社会文化、风土人情等缺乏深入了解，所以其语言文化涵养并不高。另外，语言文化涵养还受外教自身条件限制，部分外教中文运用能力和理解能力较弱，缺乏有效的沟通技巧，使得他们在和中方教师、学生和外教管理人员在交流的过程中不能正确理解一些话语背后的深层含义或诸多语义相近的表达方式，进而常将简单问题复杂化，影响相互之间的沟通、理解与融合。

四、影响后疫情时期外教跨文化管理的因素

（一）外部因素

1. 全球疫情发展形势

新冠肺炎疫情的发展形势具有很大的不确定性和不稳定性，这成为影响后疫情时期外教跨文化管理的重要因素。疫情何时能够得到完全控制，各国何时能够再次完全打开国门进行“对外开放”等一切都是未知数。如果疫情能够快速且有效地得到控制，就意味着在国外的外教能在短期内返回中国工作；如果疫情长期不能得到有效控制，那么对于回国外教来说也就意味着他们不能在短时间内返回中国工作，这样就会产生时空障碍，成为高校外教管理工作人员面临的跨文化管理挑战之一。

2. 外教所在单位的管理制度和体系

外教所在单位拥有健全的关于外教跨文化管理的体系和不断创新的跨文化管理制度是做好相关管理工作的关键。各高校外教管理部门或外教所在二级学院不仅要从微观层面搜集外教跨文化管理方面存在的问题，而且要从宏观层面进行顶层设计，构建从引进前、引进后、工作中到离职的系统的管理体系；及时制订后疫情时期相关应急管理制度；根据疫情的变化和发展不断健全和完善外教管理相关制度和体系。

3. 外教自身的价值观

价值观指个体或群体主要通过文化交际构成的模式，是最深层的文化，每个人都有价值观。价值观影响一个人的行为，是文化的核心内容，是人们评判日常生活中各类事物和各种行为的标准。外教来自世界不同国家，而不同的国家有不同的文化，不同的文化塑造了不同的价值观。因此，来自不同国家的外教价值观各不相同。我国几千年以来深受儒家文化的影响，形成尊祖先、崇道德的优良文化传统，特别崇尚集体主义，而来自中东欧国家的人员，大部分受基督教影响，形成坚持自我、崇尚个人主义的价值观，喜欢以个人偏好来处理问题。例如，一些外教回国后，一味坚持使用本国社交软件或社交方式与我国教师、学生和外教管理人员沟通，而不愿接受我国的社交软件或社交方式，这就是因为受价值观影响而产生的行为取向。

4. 对外教的社会支持

社会支持包括信息支持、工具支持和情感支持。

社会支持的来源有家庭成员、朋友和熟人等。心理学家普遍认为婚姻是社会支持的基本来源。除了家庭成员以外，社会支持资源可划分为同胞和当地人。按照信息支持和情感支持的观点，同胞提供的支持系统是非常有用的，他们不仅可以提供信息支持，而且还可以提供情感支持，如宣泄情感。与当地文化成员的关系也影响外教适应后疫情时期的工作和生活，一般来说，有当地朋友的外教跨文化适应问题较少，满意度和心理幸福感较高。如果外教缺乏社会支持，就会产生较多的跨文化适应问题，不利于高校外教管理人员做好后疫情时期对外教的跨文化管理工作。

(二)内部因素

1. 外教的心理健康程度

外教的心理健康程度是影响后疫情时期我国高校外教跨文化管理工作的关键因素之一。心理健康程度越高,外教与外教管理人员、中国学生和中方教师沟通就会越顺畅,就会越有利于外教的跨文化管理。然而,部分在国外的外教担心疫情所带来的风险或疫情的再次爆发,经常出现焦虑、失眠等症状。

2. 外教的语言文化涵养

语言是文化的载体,语言反应文化。“语言的正确使用要受文化的制约,语言的词汇无时无刻不负载着文化。只有对目的语文化有深刻的理解,才能准确自如地进行外语交际。语言反映着文化,文化又渗透于语言之中,语言和文化是互为联系的统一体”。外教的汉语运用能力、中国文化及沟通技巧的掌握程度就是其语言文化涵养的重要体现,语言文化涵养高,就会与中国学生、中方教师和外教管理人员在沟通中更加顺畅。

3. 外教的跨文化适应能力

跨文化适应能力是外教适应陌生环境的必备能力之一,包括文化移情、跨文化敏感和策略变通能力。文化移情指人们有意识地超越民族本土语言文化定势的心理束缚,从另一种文化模式中进行思维的心理倾向。跨文化敏感是人们激发自身理解、欣赏并且接受文化差异的主观意愿。策略变通是一种改变思考方式、扩大思考类别、突破思考限制的能力。据此,如果外教有很强的文化移情、跨文化敏感和策略变通能力,就会便于高校外教管理人员对其进行跨文化管理。

五、后疫情时期高校外教跨文化管理的策略

要使得后疫情时期外教跨文化管理工作富有成效,就应该从引进前、引进后、工作中和离职进行全方位、全系统和全过程的监督和把关。

（一）引进前

后疫情时期，高校外教管理部门或有外教需求的二级学院应在引进外教时积极宣传我国抗疫的成功经验，拓宽聘请渠道，严把聘请质量关，及时根据国内外疫情防控情况考虑向国家有关部门申请让国外外教分批次入境，这些工作将有利于后续对外教的跨文化管理工作。

1. 积极宣传中国抗疫经验

我国外事部门、高校外教管理人员以及其他从事外事相关工作的人员可通过社交媒体或其他方式，在外教或外籍人士群体中积极宣传中国在抗击疫情中的做法、成功的经验、取得的成绩以及中国在抗击疫情期间的人文交流情况和与国际社会交流、合作的情况，让外教或其他外籍人士更好地了解中国，提升中国在外教或有志于来华从教的外籍人士心目中的吸引力。

2. 拓宽聘请渠道

受疫情影响，高校外教的聘请渠道大幅减少。面对这种情况，外教聘请单位应该克服各种困难，拓宽聘请渠道，以确保聘请到合适的外教。例如，借助中国驻外使领馆、外国驻华使领馆、国外合作高校、国内兄弟院校、专业外教聘请中介机构等平台，发布外教公开招聘信息等多种方式大力让外教聘请渠道变得多元化，同时在条件允许的情况下为来华外教提供政策支持，以获取更多的外教资源并按照需求进行择优聘用。

3. 严把聘请质量关

后疫情时期，外教聘请单位特别要坚持按需引进、保证质量、宁缺毋滥的原则。身体健康方面，外教的新冠肺炎核酸检测结果、活动轨迹和其他身体健康状况将成为聘请外教时必须要严格考察的事项。申请材料方面，外教聘请单位要加强对外教的工作证明、推荐信以及毕业证和学位证书的审核。能力方面，除了考察外教的专业能力以外，外教聘请单位还应考察外教的综合能力，如心理健康程度和对中国文化、教育制度、后疫情时期的外事管理规定等的了解。

4. 外教分批次入境

国家和地方外事管理部门应根据各国疫情防控进展，与外教所在国家的政府部门进行积极的协商和沟通，可在保障外教生命健康和安全的前提下，出台积极灵活的出入境政策，让外教分批次入境。

（二）引进后

后疫情时期，外教所在单位首先要做好对外教入境后的疫情防控管理与服务工作，其次要定期对外教开展心理测试与辅导，加强对外教的跨文化及应急管理培训。

1. 做好疫情防控管理与服务

外教在入境后务必要按我国疫情防控政策测量体温，佩戴口罩，进行核酸检测，开展集中隔离或居家隔离。从外教入境后，外教所在单位应积极为外教提供必要的心理、精神和生活支持。

2. 开展心理测试与辅导

疫情给全球人民带来了巨大的心理负担，不少人经常出现焦虑、恐惧、抑郁、失眠等症状。因此，无论是对新引进外教还是已引进外教，各高校应及时或定期对其进行与疫情相关的心理测试和情绪疏导，让外教尽快适应后疫情时期的工作和生活，调动其工作和生活的积极性、主动性和创造性，以发挥最大聘用效益。

3. 对外教开展跨文化培训

外教引进后，各高校应积极开展跨文化培训。第一，让外教及时了解后疫情时期我国对外籍人士的相关管理制度，以及我国的教育制度、教育理念、教学模式、学校的管理规定、学生的学习能力和语言水平等；第二，让外教及时熟悉了解后疫情时期校园管理规定、公寓管理规定、教学方式、考核方式和校内外环境等。

4. 定期加强对外教的应急管理培训

新冠肺炎疫情防控将是未来的常态化工作，外教所在单位应定期加强对外教进行系统的、科学的新冠肺炎疫情应急管理培训，让外教对我国及

等多个维度对外教进行考核，建立中方教师、中国学生和外教管理人员的三位一体考核机制，以此充分调动外教的主观能动性和积极性，发挥最大聘用效益。

4. 建立科学合理的激励机制

根据学校或学院的个性化特色，在客观、公平、公正的前提下，外教所在单位应建立科学合理的激励机制，采取合理的激励措施，将物质奖励与精神鼓励相结合。另外，外教所在单位还可定期邀请外教对教学行政管理提出坦诚、富有见解的意见和建议，让其感觉到自身的存在感和归属感，彻底激发他们潜在的力量，充分调动后疫情时期外教的工作热情和工作积极性。

5. 加强对外教的社会支持

后疫情时期，外教所在单位更应积极为外教提供社会支持。组织丰富多样的外教所在国文化活动或中国文化活动，鼓励或邀请本校外教积极参加；与兄弟院校联合举办文化活动；与当地社区联合开展志愿服务活动；创建外教沟通平台。一方面，可在后疫情时期帮助外教减少压力、焦虑、无助、孤独感等。另一方面，还可以提升外教的自我归属感。

6. 贯彻以人为本的管理理念

后疫情期时期做好高校外教的管理工作对提高我国高校的国际化办学水平至关重要。因此，为了更和谐、更有效地管理外教，就更需要外教所在单位的外教管理人员在工作中融入"人本主义"理念，该理念将"人"放在首位，强调对人的尊重，重视人的价值和尊严。对于外教管理人员来说，也就是急外教所急，忧外教所忧；主动关心外教，强化服务意识，尽最大努力为外教排忧解难，为外教提供及时周到的服务；倡导人文关怀，和谐、友善、融洽的沟通和关怀可让外教感受到聘请单位有"家的温暖"。

7. 提升外教管理人员的跨文化素养

外教所在单位要想做好外教的管理工作，应培养能在多元的文化环境下进行有效的外教跨文化管理工作人员，提升外教管理人员的跨文化素养，提高其文化领悟能力、外语能力和跨文化沟通能力。因此，各高校应加强对外教管理人员国际化视野及合作意识方面的培训，真正建立一支高素质、国际化的管理队伍。

除此之外,外教管理工作人员还应在工作中不断进行探索和总结,学习多元文化,加强语言学习,增强协调能力、沟通能力、跨文化沟通能力和管理能力。

(四)离职

外教所在单位要及时关注后疫情时期的相关政策,协助外教顺利离职,并在外教需要时提供必要的帮助。

1. 协助外教办理离职手续

由于各国针对疫情发展态势不定期对出入境相关管理政策进行调整,各高校外教管理人员要及时关注并严格落实国家相关政策,积极协助拟离职外教按规定及时办好离职手续,确保外教顺利离职,以便合理安排后续事宜。

2. 给外教提供必要的帮助

由于疫情影响,部分外教离职后不能按计划回国或去新的工作或学习单位,有暂时留宿在原工作单位的意愿。对于这种情况,在外教提出申请后,外教所在单位的管理工作人员应确保外教符合在中国合法居留的条件下,与学校相关部门沟通协调,为外教提供一定便利,减少其顾虑,让外教感受到原单位的包容与理解。

六、结语

作为一种特殊的人力资源,高校外教在后疫情时期更是推动我国高等教育国际化的重要因素。本研究首先分析了后疫情时期高校外教跨文化管理方面所面临的挑战,其次分析了影响后疫情时期高校外教跨文化管理的外部因素和内部因素,最终尝试提出了从外教引进前、引进后、工作中到离职的全方位、全过程和全系统的监督和管理措施,以提高后疫情时期高校外教跨文化管理的质量和效率,希望该研究能为高校外教跨文化管理提供参考。

波兰语中外教师合作教学模式研究*

黄钇娴[①]　白纯[②]

（四川外国语大学西方语言文化学院 重庆 400031）

摘要：就传统授课模式而言，在非通用语教学中中籍教师和外籍教师一般是以课程为单位独立进行的；中、外籍教师各有所长，且呈现出优势互补的态势，课程的独立大大减少了中、外籍教师之间取长补短的机会。本文将阐述中、外籍教师各自的不足与优势，并进行研究分析，进一步探究中、外籍教师的合作教学模式。

关键词：中外教师合作教学　波兰语　互补性

目前在国内波兰语专业教学当中普遍存在的一个问题就是教师队伍普遍年轻化，缺少有经验的教师进行监督指导和传帮带。很多学校都会选择通过引进外籍教师来解决这一问题。想要更好地利用师资资源，形成系统的教学，就需要充分发挥中教和外教各自的优势，共同合作，达到一加一

---

* 本论文是“四川外国语大学2020年教改项目JY2062262”阶段性研究成果。

① 黄钇娴，女，1995年生，在读硕士，波兰语专业教师。主要研究方向：波兰语语言文学、波兰语教学研究。

② 白纯，女，1993年生，硕士，缅甸语专业教师。主要研究方向：缅甸语言文学、缅甸语教学研究、中缅人文交流。

大于二的效果。上海大学曾于2000—2003学年小规模地开展了外籍教师与中籍教师单独授课的对比实验。结果显示,“外教的教学效果持续处于劣势,即在现有的教学环境和条件下,外教并不适合单独开展大学英语教学”“于是我们在设想上进行了修正,提出中、外教师合作教学模式。”中、外教师合作教学模式是指一位主讲教师和一位或多位教师同时在一个课堂上以合作的方式联合开展课堂教学。[①] 这里提到的主讲教师可以是外教也可以是中教,如果是由外教主讲,那么可以由中教陪同;如果是中教主讲,那在场配合教学的老师中就应该有外教。这无疑将有助于解决中教年轻化的问题,提高外教资源利用率,提升课堂效率。

一、中、外教师合作教学的必要性

在中国,达到波兰语母语级别水平的中籍教师并不多,而对汉语运用自如的波兰语语言学专业毕业的外籍教师同样缺乏,面对日益增长的学生数量和对学生波兰语语言能力要求的提高,单是中教或外教已经不能很好地应对全部学生的需求。

本人认为大学四年的语言学习主要可以分为三个阶段:刚刚接触波兰语时的初级阶段,掌握发音和基础语法知识后的中级阶段,针对实际应用进行能力提升的发展阶段。面对初次接触波兰语的大一新生时,中教虽然能够自如应对每一个基础课堂,但是此时的学生正处于语音学习阶段,中籍教师的发音相较于母语使用者,还是稍逊一筹;而大多数外教的中文水平相对较低,不足以使用中文进行授课。此时学生刚刚跨进语言学习的大门,如果全部由外教来使用波兰语授课,学生可能很难准确地理解外教在课堂上所想传达的知识。

到了大二下学期,通过一年半的认识与积累,学生的语言学习进入到了一个新的阶段,身份也从初级语言学习者转向中级语言学习者,此时的

---

① 熊燕. 中外教师同堂合作教学对德语专业学生能力和课堂教学的影响[J]. 江苏技术师范学院学报,2012(5):109-111.

课堂就需要更多的拓展知识，身为母语使用者的外教从小进行波兰语语言积累，比起中教在波兰语的使用和教学中更具思维发散性，这个阶段的学生在学习高级语法的时候常常会遇到比较多的困惑，学语言最怕钻牛角尖，此时也需要中教以同是波兰语语言学习者的身份，为学生传授学习窍门与经验，并答疑解惑。

大四时学生已经大致完成大学期间所有波兰语语法的学习，通过大学前三年的学习也记忆了一定数量的词汇，再加之阅读波兰语文章、观看波兰影视作品，此时学生已然有了不错的专业积累。该阶段的学生基本也都面临着就业或考研的抉择。所以此时的学习主要以实践应用和技能提升为主，课程内容将涉及中波互译、经贸波兰语、旅游波兰语等，该类课程大多需要与当下的波兰潮流还有时事相结合，外教作为波兰人捕捉波兰潮流趋势的灵敏度远远高于中教，对当前的时事也更为了解；但是在中波互译方面大多外教因为不会中文而无法独立完成课程，而翻译又是语言类学生所必须掌握的一项技能，所以该类课程必须有中教参与，根据具体单元划分，练习类课程可由中教与外教一同教学，而理论类课程则可以由中教结合自身经验单独完成。

由此可见中、外教在教学上各具优势，如果能够以合作的方式进行互补，发挥各自强项，将大大提升课堂利用率和课堂质量。

二、中、外教师的互补性

在初级波兰语教学过程中，外教一般分为两类，第一类是会说中文且以波兰语为母语的非对外波兰语专业毕业的外教，第二类是不会说中文但毕业于波兰语对外教学专业的外教。第一类外教由于会说中文，所以在课堂上与学生的交流互动效果较好，但有一个关键问题，就是这类外教并未接受过正规的波兰语语言学习，他们虽然可以很好地使用波兰语，但是对于语法的阐释和教学技巧的掌握都是比较薄弱的，对课堂进度的把控还有待提高。目前国内大多波兰语中教都曾就读于波兰语专业，由于专业对口度较高，自身也曾作为波兰语语言学习者，相较于第一类外教，其对波兰语语法的解读度更高，所以在以合作的方式开展课程时，最好由中教把握课程的总体进度与语法部分，由外教主要教授学生的发音与基础对话。中教在把握课堂进度时，同时也应该注意要全面了解学生，营造民主、平等、和谐的教学氛围，与学生平等对话交流，并根据当前学生的爱好，设计一些新颖的活动来创造一个轻松的学习氛围。[①] 提高学生的学习积极性和课堂活跃度。

第二类外教既是波兰语母语使用者，同时也是对外波兰语教育学习者，对波兰语的语法规则和发展过程都有比较清晰和系统的认识，同时对波兰语的应用与反应灵敏度较高，也能够根据学生的学习能力来协调课程进度。该类外籍教师的专业水准较高，但是美中不足的是，此类教师的中文水平相对较低，所以在与初级学生的交流过程中可能会存在一定的难度，这时就需要中教的配合讲解和适时翻译。

中级和发展阶段一般需要专业技术水平较高的外教来进行，也就是上述提到的第二类外教。此时学生已经有了一定的知识积累，课程内容更加专业化，语法内容也更加深化，但没有接受过专业学习和训练的外籍教师无法很好地把握和讲解该阶段的课程内容。这个阶段的学生正面临就业和升学的压力，不同的求职方向涉及不同的行业用词，不同的读研对象国也需要不同的知识。有些学生毕业后想去国外就业或者读研，而有些学生则想留在国内。针对想要留在国内的学生，外籍教师可能无法很好地规划对其求职和升学有帮助的课程，因为对大多数外教而言他们并不是特别了解中国国内的求职流程与面试要求，针对学生的能力提升、就业培训和课程规划可能会与实际招聘和面试的内容背道而驰，中教则相对了解中国的就业市场需求，可以就当下情况与外教一同制定教学方案。

中籍教师作为中文母语使用者，可以与学生无障碍地进行日常交流与沟通，但由于中文学习在前，波兰语学习在后，许多中籍教师的波兰语学习

① 张丽娜．中外教师合作教学对于中教专业发展的作用研究：基于宁夏师范学院“英美文学”课程中外教师合作教学模式[J]．文教资料，2019(22)：157-158.

还是在一定程度上受到了母语习惯的影响,在发音和口语交流方面相较于外教还是略有逊色,所以在语音学习部分还是应该较大程度上依托于外教。在学生后续高年级的学习当中需要涉及较多的课外资料,在材料收集方面,大多数中教对于波兰搜索引擎和网上图书馆使用的熟悉程度还有待提高,所以外教在收集语料和素材上发挥着至关重要的作用。

中、外教需要优势互补,各自发挥所长,保证教学质量的同时,提升课堂的教学效果,外教在语言理解和文化方面有着得天独厚的优势,但是在教学内容难易程度方面需要积极与中籍教师交流沟通,同时,中教的教学方法以及在语法点总结和梳理方面更符合中国学生的逻辑思维方式,在疑难解答环节上更受学生欢迎,这就需要中教充分融入合作教学模式当中。① 因此中、外教间应当积极交流合作,及时沟通,中教和外教需要及时了解学生的学习情况,把控课堂教学内容的难易程度,共同商讨教学重点和教学进度,相互协调,出现问题及时协商解决。只有中教和外教合作才能保证教学效果的最大化,这也是中外教师合作教学成功的前提和基础。②

三、中、外教师的课时划分比例

中、外教师合作教学的理念并不是简单地指在教室里增加一名授课教师,而是要考虑到合作形式、合作时间等在内的一种新型教学模式。③ 中籍教师和外籍教师所擅长的教学领域和教学方式不同,加之大学期间波兰语语言学习的阶段又可大致分为:初级、中级和发展阶段,根据所处阶段的不同,学习目标和重点的改变,中、外教的授课比例划分也应该作出相应调

---

① 江晗. 高职英语中外教师写作合作教学实证研究[J]. 太原城市职业技术学院学报,2014(6):93-95.

② 刘晓旭. 西班牙语中外教师合作教学模式调查研究报告[J]. 黑龙江教育,2019(7):49.

③ 赖文斌. 叶丽英. 基于"中外教师组合"的英语专业课堂教学行动研究[J]. 江西师范大学学报(哲学社会科学版),2016(6):187.

整,应该将母语教师和非母语教师的作用充分发挥和应用起来[①],所以总体的趋势大致为:从初级阶段到发展阶段,中教的授课学时占全部学时的比例是呈下降趋势,而外教的授课学时是呈逐渐增多的态势。

处于初级阶段的学生,波兰语听说读写能力较差,此时大多数学生还不能很好地适应外教的教学方式,并且在沟通交流上也存在一些问题,初期的答疑解惑在多数情况下还是由中教来完成。课堂也会经常采用集体授课的模式,由中、外教共同完成,在这个阶段学生主要是和外教学习发音,培养语感。

到了中级阶段,学生已经具备了一定的波兰语知识积累,有了一定的语言储备,可以单独使用波兰语和外教进行交流,如果遇到一些较难的词汇和句子,外教也可以通过采用一些同义词和简单句来解释,以此来使学生理解该词汇或者是句子的含义。所以从这个阶段开始可以逐渐增加外教单独授课的时长,鼓励学生开口说波兰语,培养学生使用波兰语来回答问题的好习惯,同时缩短一些中教的授课时长。但需要注意的是,此时中教和外教将依旧一起进行集体备课,因为中教和外教都身为专业课教师,虽然授课的科目不同,但是整体进度应该保持统一,不能只掌握自己负责的那门课程的进度,而不关心其他教师的课程进度,这样容易和其他教师的进度脱轨,导致学生无法统一各部分知识架构的搭建,所以负责语法课的教师也应该掌握基础课、阅读课、写作课等的课程进度,负责基础课的教师也应该掌握视听说、概况课、阅读课等的课程进度。但是中教将不再像初级阶段时那样频繁地参与到外教的课堂,这是为了减少学生们对于字典、中教和中文解释的依托心理。

当学生的学习进入发展阶段时,中、外教的课程配比将发生进一步的变化,此时外教的授课时长相较于前面两个阶段将继续增多,而中教的课程时长也会有相应的减少,但是此时中教与外教的共同授课时长相较于中

① 赖文斌,叶丽英.基于“中外教师组合”的英语专业课堂教学行动研究[J].江西师范大学学报(哲学社会科学版),2016(6):187.

级阶段又有所上升。主要原因是此时的学生基本上都将面临着升学或者是就业的选择，课程设置将更加贴近学生的需求，这个时候许多学校都会选择开设一些与学生论文选题或者是论文写作相关的课程，该课程将以中教为主导、外教适时参与的形式开展；而这个阶段外教的课程将涉及工作邮件写作、商务洽谈、旅游向导等方面，切合学生实际就业要求，此类课程很多都会采用情景模拟的形式开展，中教将参与其中部分课堂；还有语言类专业学生必须掌握的翻译技能，翻译课的建设也将由中教与外教共同来完成。

四、我校波兰语专业实际实施情况

本人所在的四川外国语大学西方语言文化学院波兰语专业中、外籍教师采用集体授课、集体授课的教学模式。针对 2019 级波兰语专业学生，在大一上学期的三门课程全部采用集体授课的方式，而集体授课主要体现在“基础波兰语”这门课程。选择这门课程的主要原因是这门课为大一上学期的核心课程，所占课时比重大，课程内容涵盖范围较广，这样中、外教合作时可发挥和调整的空间也相对较大。

我校大一上学期的学习受新生军训和实践周的影响专业课总授课学时数偏少，学生也处于初步接触和认识波兰语的阶段，学生和中、外教也都处于相互认识的初期，所以该阶段的总体进度较慢。由于课时内容相对简单，师生、师师、生生之间还处于磨合阶段，整体的上课氛围较好，课堂气氛活跃，学生满意度较高，在期中、期末对学生的问卷调查当中除了希望外教稍微放缓上课进度以外，并未获得太多信息。

大一下学期，教师们同样是每一门课都采用集体备课的方式，通过一整个学年的集体备课，大大提高了每一门课的课程利用率，同步推进每一门课程的进度，保证了学生在同一个时间段每一门课程的学习内容的学习都是有关联可互通的，教师之间也同步掌握不是自己主要负责的其他课程的课程进度，这样可以直接避免课堂内容的重复，全面了解学生的整体语言水平，精确把握自己主要负责课程的总进度和难度，使其更适合学生。

大一下学期的主要集体授课课程与大一上学期一样，同样是挑选了课时量较多，课程内容涵盖面较广的“基础波兰语”这门课程。大一下学期时，中、外教对于该课程所预期达到的效果和目标不一致，导致了备课时课程重点设置和教材选用上不能够做到很好的统一。在同一节课上，中、外教的教学目标和教学重心不一致，这种情况是绝对不允许发生的，因为这样会适得其反，极大地降低学生课堂学习的效率，同时学生会感到迷茫，无法抓住学习重点。意见有分歧是正常现象，最佳的解决途径就是沟通。中、外教之间要相互交流，各自表明自己的想法，以及课程设计的意图，以求在双方互相理解的情况下，去寻找一个最适合学生的授课内容和课程目标。在沟通过程中，中、外教都应做到换位思考和耐心倾听。

中、外教师合作教学对课前的准备和沟通工作、课中的配合和协调提出了要求。① 在实际授课过程当中，中、外教之间的衔接有时可能会达不到备课时所预期的效果，有些外教的停顿是为了方便中教在此处给学生再用中文具体讲解，但是有时中教可能会领悟不到外教这个停顿的含义，或者是外教觉得某些知识点说过一遍就可以，但是中教会觉得这个地方需要再多做解释，这个问题就需要中、外教多沟通，并且在实践当中多磨合，提高默契度。

大一下学期期中和期末考试后，通过与学生的单独沟通、教学平台上的学生评教，发现学生对中、外教师合作教学的满意度和支持率较高。学生反映，在中、外教共同授课的课堂上，他们接触波兰语与使用波兰语进行沟通交流的频率相较于只有中教的课堂而言更高，因为在与外教的沟通过程中他们必须使用波兰语，而在中教的课堂上，由于是初级阶段学习，中教为了追求课堂理解度，对知识点的讲解大多用中文进行，这就导致了学生对知识点的理解虽然更加清晰透彻，但是却减少了接触和使用波兰语的机会。大多中国学生相较于外国学生而言在课堂上是比较内敛的，课堂发言

① 黄虹．跨文化语境下的中外教师合作教学研究[J]．广东职业技术教育与研究，2018(1)：42.

也相对较少，在只有外教一个人单独授课的课堂上，外教无法很好地通过学生的反应来判断他们是否很好地理解了知识点，是否需要就某个问题重新讲解或做更多的练习。所以偶尔外教会误以为一个学生已经理解的问题还需要继续讲解，由此导致浪费课堂时间的情况；或者有时学生其实并未完全理解透该知识点，但外教以为这个问题学生已经掌握，就直接跳过的情况；中教与学生一样同样作为中国人，相较之外教，对学生的心理动态把握是更加成熟的，所以有中教参与的课堂能够减少此类情况发生的概率；而且许多学生在单独面对外教时有些胆怯的情绪，羞于开口使用波兰语交流，当有中教在场时可以在很大程度上缓解学生此类紧张的情绪。就像黄虹老师在《跨文化语境下的中外教师合作教学研究》中谈到的情况一样："笔者所在的学校及国内部分院校都开设外教口语课。在以外教为主讲的课堂上，大多数中国学生显现出'跨文化能力匮乏'的症状。其原因可能是缺乏语言技能，或者缺乏沟通技巧，或者缺乏文化知识。"中教作为两种文化的中间调节剂，参与到课堂当中能够更好地引导和鼓励学生开口交流。

五、合作教学过程中的矛盾与解决办法

中教和外教由于成长过程中所受教育的不同和文化上的差异，所以在性格、社会认知和为人处世的态度上可能也会存在着差异。很多中籍教师在刚开始接触外籍教师时，可能不知不觉中已经自己隔出了一道心理距离，更有甚者可能带有一定的抵触情绪，这在很大程度上阻碍了双方进一步的互相了解，这对长期的合作教学是非常不利的。

中外文化的差异，导致中、外教在言语交流和问题的表述上也有所不同，中华文化博大精深，我们讲究说话的委婉和沟通的艺术，但是大部分外籍教师讲话都比较直接，对问题的看法和意见也相对较多，有时候会与中教产生一定的分歧，有时也会在交流过程中引发暂时的情绪碰撞。有交流、有意见是一件好事，不同意见的碰撞才能迸发出思想上的火花，才会引起新的思考，中、外教的身份虽然同是教师，但是所处的角度却还是不尽相

同，耐心倾听，适时换位思考才会带领双方共同进步，才会营造出更好、更适合学生的课堂。

中、外教师合作是一种较为新颖的教学模式的尝试，对课堂氛围和师资利用率有着积极影响，可以进一步进行尝试与探索。

希伯来语原版教材在中国希伯来语专业教学中的问题探析

——以 *Hebrew from Scratch* 为例[*]

施歆文[①]

（四川外国语大学东方语言文化学院 重庆 400031）

摘要：希伯来语专业在中国开设已三十余年，*Hebrew from Scratch* 则是中国高校希伯来语教学使用的一套主流教材。这套教材具备比较合理的教学框架，语法、写作、阅读、口语方面的内容比较均衡，能够较全面地培养学习者的语言能力，但在实际使用中也发现该教材在语料、词汇、文化、语法编排等方面存在一些问题。解决这些问题需结合中国学生的实际情况和新国标对非通用语专业学生能力培养的要求，在用好原版教材的语料和练习的基础上引导学生深入领会知识要点，科学创建系统的知识架构。

关键词：希伯来语　原版教材　教材分析　教学改革

---

* 本文为 2019 年重庆非通用语学院教改项目（JG201909）成果。

① 施歆文，女，1994 年生，硕士，希伯来语专业教师。主要研究方向：犹太研究、希伯来语教学。

希伯来语属于亚非语系闪米特语族，既是古代犹太民族的民族语言、宗教语言，也是现代以色列国犹太人的生活语言。公元前 1200 年到公元前 586 年期间，希伯来语作为一种口头语言在以色列和犹太王国繁荣发展，发生在公元前 586 年的巴比伦之囚是犹太人历史上的第一次流散，当他们回归家园时占领区域优势的语言已经是阿拉米语，后来随着希腊和罗马的征服，希腊语和拉丁语先后占据语言主导地位，希伯来语作为犹太人的民族语言几近失活，但尽管如此，作为文学和宗教语言，希伯来语还在不断地焕发生机。19 世纪，犹太复国主义兴起，犹太青年埃里泽·本·耶胡达（Eliezer Ben-Yehuda）尝试复兴希伯来语，同时一波又一波流散在世界各地的犹太人开始回归以色列生活，沉睡了千年的希伯来语又奇迹般在以色列被唤醒。

现代希伯来语的复兴是以古典希伯来语为基础的，现代希伯来语基本继承了古典希伯来语的词类框架，但又给古典希伯来语这种古老的东方语言添加了西方语言的元素。在语法上现代希伯来语逐渐简化古典希伯来语复杂的语法结构和断句，以满足现代人世俗化和简便化的使用需求。

希伯来语的演变是有一条清晰的时间线以供追溯的，现代希伯来语的复兴不仅仅是苏醒，更是一次重生，它植根于古典希伯来语的土壤，又融入了现代元素，这既反映了犹太历史的变迁和文化的传承，也是犹太智慧的生动展现。这种特点是我们思考中国现代希伯来语教学的背景因素和重要的出发点。

一、中国希伯来语教育述评

（一）中国希伯来语教育现状

中国希伯来语教育可以分为神学院、高等院校和民间希伯来语培训机构三大分支。神学院希伯来语教育始于南京金陵协和神学院，主要开设圣经希伯来语教学，用于宗教研究。

民间希伯来语培训机构主要是一些语言爱好者和在华以色列人组织，

通过线上线下结合的付费教学为各类对希伯来语感兴趣的人士开设种类繁多的课程[①]，但并未形成系统的教学素材体系，且课程内容的实用性、会话导向性和文化导向性较强。

高等院校希伯来语教育始于20世纪80年代。1985年，北京大学首次开设希伯来语专业，其一家独大的局面一直持续了20年。2005年后，随着中以邦交的正常化，国内希伯来语专业迎来了稳步发展的时期，先后有中国传媒大学[②]、北京外国语大学、上海外国语大学和信息工程大学以四年一招的频率错峰开设希伯来语专业。2016年后，随着"一带一路"倡议的不断深化，中以政府在旅游、经济、文化等领域合作日渐密切，同时以色列在科技创新发展方面的成功给国内带来了一波"以色列热"，国内高校的希伯来语教育进入高速发展时期，仅2016和2017两年就有四川外国语大学和北京第二外国语大学开设希伯来语专业。然而，一方面由于国内将希伯来语专业列为全日制高等教育专业的时间较晚，同时专业招收的学生数量有限，教师队伍较小，尚未形成系统性的希伯来语教学标准；另一方面由于以色列国内英语的高普及率给希伯来语专业人才市场需求带来的局限性，希伯来语专业在中国外语院校的高速发展也渐渐暴露出储备力量不足、发展前景迷茫的问题。其中教材问题就是其不可忽视的一大方面。

（二）中国高等院校希伯来语教材使用情况

从1985年国内高校第一批希伯来语专业成立以来，如何选择、使用与国内学习者习惯相适应的希伯来语教材成为教学领域的研究重点之一。遗憾的是，虽然在教育领域相关研讨会上这一问题被多次提起，但针对希伯来语教材的研究国内还未出现正式的研究成果，唯一的一套由北京大学编译的中文教材《希伯来语教程》也是以色列原版教材的编译版。根据针对目前开设希伯来语专业的高等院校部分在校学生和教师的调查，笔者了解到这套中文教材并未被真正作为专业课教材广泛使用。

---

① 例如"希伯来语沙龙"等线上自媒体公众平台开设的相关付费课程。

② 目前已暂停开设该专业。

导致这一领域研究成果和教材出版匮乏的原因主要有两个方面：

一是在计算机输入元音符号的困难性和耗时性。元音符号对于希伯来语学习者构建正确发音非常重要，希伯来语的各类词汇通常依靠辅音词根加上非词根辅音以及围绕在非词根辅音周围的元音符号来实现其多种语法和语义上的功能，这侧面证明了教师在编写教材，尤其是入门教材时给每一个希伯来语词汇和句子标注元音符号的必要性。然而，迄今为止，尚未有希伯来语教育者和学习者探索出一套在中文的计算机操作系统中输入希伯来语元音符号的简易方法，这自然给教材的编写带来了极大的阻碍。①

二是国内开设希伯来语专业的高等院校使用原版教材进行教学已经成为一种代代相传的习惯，根据笔者的调查，从 20 世纪的北京放眼到当下全国的希伯来语教学，几乎每一代希伯来语专业学生在其语言基础入门阶段（大一、大二）都会使用同一本希伯来语教材，这本教材就是*Hebrew from Scratch*②，分为上下两册，也是上文提到的北大中文自制教材的编译母版，而在三、四年级大部分学生前往以色列学习，不同高校使用的教材也各不相同，故在此按下不表。北京大学最先使用*Scratch* 进行希伯来语入门和基础阶段的教学，其学生毕业后发展成为其他外语院校的主要希伯来语师资力量，又继续使用*Scratch* 进行希伯来语教学。笔者近期对北京、上海地区四所开设希伯来语专业院校中 45 位在读的不同年级学生和毕业生就教材使用频率进行了调查，超过 90%的学生表示在一、二年级的入门学习阶段中，教师主要采用*Scratch* 进行综合希伯来语课的教学，有 70%的学生表明他们的主要语法知识和阅读素材都来源于*Scratch* ，这足以证明*Scratch* 在国内希伯来语专业基础阶段教学中的影响力和主流地位。然而，随着时间的推移，这套以色列原版教材在中国的希伯来语专业教学中也遇到了许多问题。因此，在把握*Scratch* 特点的基础上，针对目前其

---

① 阮项. 希伯来语教育在中国的教学瓶颈问题探析[J]. 全球教育展望，2008，37(12)：79.

② 下文简称 *Scratch*。

在中国希伯来语专业基础教学阶段遇到的问题进行深入思考，分析问题来源、提出解决方案，有利于促进中国高校希伯来语教学科学发展。

二、*Hebrew from Scratch* 特点分析

Scratch 由英语和希伯来语汇编而成，以 20 世纪 90 年代出版物为基础，有成熟的语言教学思路和丰富的语料内容，2000 年后又再版了两次，但其主要教学框架和内容素材并未发生大规模变化。*Scratch* 在编写时设计的学习对象是母语为非希伯来语的新移民，因此主要在以色列的 Ulpan① 语言学校里使用，直到现在，以色列各高校开设的语言学校基本都在使用这套教材进行教学。

上文提及，语法（词法和句法）、词汇和表达是掌握语言的几大要素，也是*Scratch* 编写的基本理念所在，因此，对这套教材的特点分析将会从宏观的框架和内容编排、细节的语法句法教学编排、词汇特点以及语料选材几个方面入手。

（一）纵向框架和横向内容编排特点

以上册为例，前 7 单元为导论课，教学内容可以分为辅音字母，元音符号，基础词形变化，基础句法几大部分。最大的特点是知识点去模块化，编者将希伯来语的 23 个辅音字母以及 7 大类 18 种元音符号平均分配到每个单元的开头部分，并紧接着编排本课所涉及的辅音字母和元音符号的配对发音练习和手写体练习，而不是像其他某些原版教材（例如*Hebrew with pleasure*）一样模块化地用 1～2 个单元的体量安排所有辅音字母和元音字母的学习，再后续安排拼读练习。同时，编者根据每课学习的辅音字母和元音符号组成的相关词汇，辅以相关人称代词、指示代词、介词、连词、疑问词和希伯来语庞大动词体系中比较简单的三组动词来编排日常简单句法的教学，充分顾及学习者入门阶段的认知能力。这样安排最大的优

---

① Ulpan 是以色列开设的语言培训机构，其初衷是教授移民希伯来语和以色列社会文化，帮助其快速融入以色列社会生活。

势就是通过短短 7 个单元的学习就完成了可观的教学成果，让学生在入门阶段就能轻松地输出一些句子，从而获得极大的成就感和获得感，让学生能够平稳地过渡到后续的语言学习中。

上册后 27 个单元是希伯来语第一等级的综合学习，整体按照语法知识点而非题材编排，难度变化循序渐进，梯度变化不高，每单元知识点数量适中，大约平均每课有 1~2 个词形变化知识点、2~3 个句法结构知识点和 1~2 个其他杂项。虽然知识点较为松散，但往往一个知识点会配备大量的语料，同时，编者针对每个知识点及知识点之间的衔接都安排了数量大、综合性高的练习，以加深学生的内化和记忆。

下册的 16 个单元是希伯来语第二等级的综合学习，编者的理念是提高学习者的写作能力、沟通能力和阅读理解能力。整体编排方式承袭了上册的编排特点，但是难度有所提高。

总的来说，*Scratch* 的知识点密度不高，上下册具有较强的过渡感和层次感，上册为初学者提供温和的语言入门体验，下册则提供了具有挑战性的学习素材。

（二）语料特点

要学习希伯来语，学习者需要学习希伯来语的各个方面，学习者通过接触包含语言各方面的语料输入去理解、处理和吸收它们，最后达到内化的目的。因此，语料输入在*Scratch* 中扮演着重要的角色，所有知识点的内化都是通过语料的呈现进行的。

在语料体裁上，编者十分注重其多样性。*Scratch* 呈现了插图、说明文、人物小传、采访、信息栏、日常会话、诗歌、书信、历史故事等丰富的体裁形式，这些语料使教材更加饱满生动。如果说上述语料体裁也会出现在其他语种的原版教材中，那么这套教材的另一特点在于其包含了一些取自《密释那》《塔木德》《妥拉》三大犹太教核心的经典原文内容，这一编排主要源于希伯来语语言与宗教间的密切联系。编者巧妙地将犹太教经典与语法知识点相结合，根据学习者的词汇量和各单元聚焦的词法和句法结构知识点嵌入合适的经文或谚语。例如上册第 25 单元在介绍两种动词语干[①]在性质上的特点时，就利用了 4 组《希伯来圣经》中的原文供学习者考察，将一组语干放在不同的语境中考察，能够获得比直接讲解更佳的效果。同时，这一巧思借助语料输出向学习者展现了希伯来语的传承性和内在的精神底蕴，同时丰富了语言学习的途径。

除了嵌入犹太宗教经典，编者还利用其他内容选材向学习者输入以色列社会和犹太文化相关知识。编者选取的语料大多是围绕犹太历史、宗教与现代以色列现状展开的，其中犹太历史和宗教相关内容占比较重。

就语料的难度来说，经过笔者的课堂观察、自身体验和对文章生词及长难句的评估，*Scratch* 上册选择的语料难度相对适中，而下册的后半部分编者在配套语料上做出了质和量的飞跃。编者采用了大量未经加工的希伯来语原文报刊社论、小说、杂文等语料内容，此类原文语料自然难以与单元主要知识点及学生已掌握的词汇量储备完美契合，其文章长度、生词占比和语句复杂度对比上册来说都大幅度提高，对学习者的探索能力和学习能力有一定的考验，同时也会造成学习者成就感及获得感的缺失。

（三）词汇编排特点

在词汇的呈现上，编者采取了先在语料中呈现词汇，后提供单词表的方式，这有利于学生在词汇情境中以内隐的方式无意识地习得词汇，避免死记硬背，词汇表的设计也有利于学生进一步巩固对词汇的掌握。

然而，编者对于词汇的解释存在流于表面的问题，对比词汇的广度，缺乏对词汇深度的挖掘。对于每个生词的结构特征、多重含义、与动词的习惯搭配等没有特别注意，这会造成学生对词汇理解不够，容易导致学生在几个近义词上产生模糊的概念，而对该单词的搭配习惯等要素重视不足，

---

① 希伯来语动词和大多数词一样，都是通过由三个辅音字母，少数情况有四个辅音字母组成词根。加上在根辅音周围添加特定的元音符号和非词根辅音，从而实现一些语法和语义上的功能。这样的组合通常遵循特定的模式，在希伯来语中有七种，下文简称动词语干。

最后会造成不敢使用,无法确切使用等问题。

在词汇的数量上,上册词汇量大约有 800 个,词汇较基础。下册出现在词汇表中的词汇约有 700 个,但实际上可供学生记忆的词汇远不止于此,前文提到,相比于上册的学习模式,下册更注重学生全方位的能力提升,在课程词汇的基础上,每课还新增了一个小词典部分,按编者的话来说,这个部分是"对下一章节的准备或对本章的总结"。与课后单词表呈现的普通词汇不同,这一部分并不限于呈现词汇,而更像是特殊词类与零碎的句法知识的运用,比如说第 9 单元介绍一词多义、同形不同音的词汇,第 15 章介绍希伯来语的缩写词等。同时,编者在词汇表中还省去了一些学生可以依靠其词根或词面特征推断其意义的词根派生词或合成词,例如由名词变化而来的形容词、由动词变化而来的动名词。对于这些词汇,编者未设立单独的词汇表,其目的就是巩固学生的词根意识,对希伯来语的词汇构成形成更深入的理解。另外,与上册不同的是,下册每单元都设立了一个特别的环节,该环节与单元主要语法知识点没有必然联系,主要是为学生呈现日常希伯来语对话的真实语境,这一部分通常是以会话形式展现,包含了许多新单词或短语,编者在下方统一标出,但并未出现在课后单词表中。

总之,上册的词汇是语言入门学习者必备词汇,而下册许多词汇都未呈现在编者提供的单词表中,对其挖掘的深浅程度完全依赖于教师的教学方式、教学策略以及学生的学习能力和学习兴趣。

在词汇的产出方面,*Scratch* 不太注重学生基于对词汇意义理解的书面或口头应用,课后的许多练习设计都未能涉及语料中出现的词汇。所以,尽管许多学者都指出二语词汇的习得是一个理解性词汇到产出性词汇的转换过程[①],但是*Scratch* 并没有很好地给学生提供这样的途径。

---

① 张芳红. 二语习得中接受性词汇和产出性词汇的研究[J]. 海外英语, 2013(14):260-261,264.

(四)语法编排特点

Scratch 的编者尤其注重词法和句法的教学,在词法和句法中编者又尤其强调词变教学,包括形容词、名词、动词的变位,其中动词变位是重中之重。希伯来语作为闪米特语族的语言,其与西方语言最大的不同就表现在词法,而希伯来语词法的核心就是词形变化,希伯来语的词变是独特的,与英语大异其趣,同时又具有规律性和复杂性,不懂词的变化,就不知道词的意义以及其在句中的功用,至于希伯来语的句法结构则比较灵活,现在更趋向于西方语言的通例。① 体量上平均每课编排了 1~2 个句法知识点和词法知识点,总体上注重难度的循序渐进,由简单、易记的过渡到复杂和难以掌握的,由规则动词过渡到不规则动词,由简单动词过渡到使役动词,由主动动词过渡到被动动词,由现在时过渡到过去和将来时。另外,每课结尾占比较低的语法笔记(Grammatical Notes)部分也会有部分语法知识点的编排。

在每单元的编排中,编者大部分的顺序是先在单元的开头部分用简明扼要的表格形式直接阐明语法知识点,再加上例句,然后利用大量的语料阐释某个词形变化或句法形式的使用规则和使用条件,最后再布置形式多样的练习。也就是说,编者注重语法的形式和意义的结合。对于语言学习而言,虽然只有内隐化的知识才是最核心稳定的知识,但对于二语学习者来说,他们没有像儿童一样自然习得语言的能力,但是他们具备较强的学习概念和规则意识,因此首先导入语法的形式教学,也就是外显性的知识,可以提高学习者学习语法知识的效率和精准度,让学生直观、强烈地感知到目标语法特征,施密特(Schmidt)的注意假说也指出,只有注意到目标语言形式的特征才能有意识地吸收它。②

在这之后让学习者接触与该语法相关的高频大量的语料则能够将学

① 徐向群. 希伯来语语法[M]. 北京: 北京大学出版社, 2006: 1.

② Schmidt, Richard Stephen. The Role of Consciousness in Second Language Learning[J]. Applied Linguistics, 1990, 11(2):145.

习者的注意力一直保持在目标语法知识点上，这符合施密特提出的影响学习者注意的几种因素中的频率(Frequency)和准备(Expectations)，这一过程也为语法知识的内隐化打下基础。① 但是，对语料意义的理解是对语法知识点注意的必要条件，如果语料本身难度较高，学习者自然就会将有限的注意力放在理解内容上，而忽视对目标语法结构的关注，自然就无法吸收语法知识点。引导学习者对目标结构的关注必须以适当或轻松为基础。这对编者选择的语料难度则有一定的要求，根据上文所述，编者的难度安排基本合适，下册则出现了一些语义困难、句法复杂的语料，这容易分散学生的注意力。同时，编者并没有对语料进行额外的加工，例如通过字体加粗或下划线的方式去有意识地将学习者的注意力吸引到语法上，这也有可能让学生更注重内容而非语法结构。

同时，编者在阐释少部分的语法知识点时，也会采取先放上例句或例文，再明确阐释语法知识点的方式，也就是先内隐后外显的学习方式。张人指出，鉴于内隐认知的基础性地位，这样的语法教学顺序具有一定优越性，能更好地提高教学效率②，然而，编者在进行课堂观察时，发现大部分的教师还是会采取先阐释语法规则，再阅读语料或同时进行的教学方式。

大体上，*Scratch* 的语法知识编排可以算得上合适。不过，尽管有70%的学生对*Scratch* 的语法知识点阐释情况表示满意，但仍然有 30%的学生认为应当适当增加例句和例文的内容，以促进其更好地理解语法知识点，这与教师的教学方式和学生间的个体差异有一定关联。

(五)练习设计特点

教材的练习设计体现了教材的培养方式，*Scratch* 的练习特点是与语料的紧密结合，平均一个句法或语法知识点安排了 2~6 篇不同类型的语料题材进行知识的深化，同时依托不同的语料设计了多个不同类型、不同

---

① Schmidt, Richard Stephen. The Role of Consciousness in Second Language Learning[J]. Applied Linguistics, 1990, 11(2):143.

② 张人. 内隐认知及其对英语语法教学的启示[J]. 外语界, 2004(4):45.

题量和难度的练习，体现了一定的系统性与完整性。

笔者抽取了上册和下册的4个章节课程的词法、句法知识点的语料配备和练习设计作为样本（见附录一），发现在总体上，编者非常注重练习的多样性和层次性，并且在编排上遵循内容由少变多、形式由僵化变灵活、难度由易变难的原则。同时，对比有标准答案的封闭式练习，编者倾向于设计更多没有标准答案的，利于培养学习者创造性思维能力的开放式练习；对比不需要学习者输出语言形式的理解性练习，编者倾向于设计大量需要学习者输出句法结构的输出性练习，根据斯温（Swain）的输出假说，语言输出练习能够帮助学习者注意到自己关键语言形式的使用问题，从而采取改进措施，促进内隐知识的习得[①]，注意到自己的语言输出和目标语言之间的差距，也是施密特对“注意”的另一层面定义。和泉（Izumi）等人的实验则在此基础上进一步证明扩大输出练习的频率，并同步接受相关的语言输入是学习者提高语法知识使用的关键。另外，对比写作、设计对话、演讲这样难度高、自由性较强的输出性练习，短文重构，包括填空和改写能够更大程度上让学习者注意到目标语法结构，从而获得更好的习得效果。[②] 当然，也有像卡迭尔诺（Cadierno）之类的研究者认同理解性练习的优越性。[③] 这些研究成果都在理论上给予了*Scratch* 的练习设计正向的反馈，编者兼顾了理解性练习和输出性练习，同时做到了输出性练习的频率以及其与语料输入的协同作用，同时还注重写作类输出性练习和重构类输出性练习的搭配。从另一方面来说，虽然写作练习或演讲练习往往以词法、句法的掌握为切入点设计的，但也能辐射到学生词汇、写作修辞、篇章结构、口语、协同学习能力等多方面语言能力的培养。换句话来说，不同的练习

---

① Swain, M. The Output Hypothesis: Just Speaking and Writing Aren't Enough[J]. The Canadian Modern Language Review, 1993, 50(1):160.

② Shinichi Izumi, Martha Bigelow. Does Output Promote Noticing and Second Language Acquisition? [J]. TESOL Quarterly, 2000, 34(2):239.

③ VanPatten, B., Cadierno, T. Input Processing and Second Language Acquisition: A Role for Instruction[J]. Modern Language Journal, 1993, 77(1): 45-57.

任务可以用于不同的教学目标，而*Scratch* 的练习是能够基本做到多维度辐射的。

美中不足的是，这套教材几乎没有针对学生听力能力和语音的练习，学生唯一的练习方法就是自己跟读教材配备的音频进行跟读练习，这未免显得有些单调了。

总的来说，*Scratch* 虽然有一些不足之处，但瑕不掩瑜。编者的教学框架比较合适，语法、写作、阅读、口语方面的内容分配均衡，能够比较全面地培养学习者能力，语料资源突出展现以色列、犹太的人文历史，对学习者认识和了解相关知识颇有裨益。然而，作为以色列原版引进教材，这套教材在中国的希伯来语专业教学中也遇到了许多问题，并且随着时间的推移愈发暴露了出来。

三、*Hebrew from Scratch* 在中国教学中面临的问题

在进入这一部分之前，首先要明确的是*Scratch* 在中国的希伯来语专业教学中遇到的问题并不仅仅是教材本身的原因，也有地域差异、时代变迁和教学目标等因素。

上文提及，这套教材一直在以色列的 Ulpan 学校广泛使用，在编者列出的几大教材的教学对象中，位列第一的也是 Ulpan 的学生。值得注意的是，Ulpan 设立的宗旨一开始是帮助来自欧洲和非洲的新犹太移民学习希伯来语对话和写作的语言技能，从而尽快融入新国家的社会文化中。而“以希伯来语为语言专业的学生”则不在编者的教学对象列表中。由此可见，编者在培养目标上注重语言的日常实际使用，与国内希伯来语专业对语言人才的培养目标有一定的出入，这构成了*Scratch* 在中国希伯来语专业教学遇到的问题的一大主要来源。

为了更好地了解*Scratch* 在中国希伯来语专业教学中的使用情况，笔者采取了在对教材客观分析的基础上，结合调查问卷的方式，主要总结出以下几点问题：

(一)语料与时代脱节

教材编纂年代久远,缺乏更新机制,导致教材内容陈旧过时、与以色列当代社会脱节是受调查的学生中呼声最高的问题。有81.8%去过以色列的学生表示,这套教材与实际的以色列社会"有一定联系,但也有一定脱节",68.1%的学生表示这套教材对其了解当下的以色列各个方面"只有一点点帮助"。束定芳曾表示,在外语教学材料的选择中,应特别注重文化原则,选择富有时代气息和文化特征的语言材料,使学习者对外族文化越来越熟悉①,而通过观察教材使用的语料可以发现随着时代进步,*Scratch* 渐渐脱离了这一原则,虽然语料形式多样,但是其涉及以色列社会的内容却停留在编写的年代,其中最突出的就是文章和插图的呈现。*Scratch* 展示的插图中有一部分是照片,大多拍摄于20世纪90年代或21世纪初,例如上册第13单元的一张配图是拍摄于2000年的提比利亚,而20年的时间,以色列北部经济发展迅猛,提比利亚地区早已不是图片中的模样;第18单元编者展示了关于以色列结婚率、结婚年龄、住房拥有情况等直观反映社会经济发展和社会结构的关键数据,以用于百分比句法的使用教学,但是数据采集年份是1998年,20多年间以色列的相关数据亦发生了很大变化,例如女性平均结婚年龄就从2000年的22岁上升到25岁。因此,向2020年的外国学习者展示过时的语料,就像是把学习者置入在10~20年前的平行时空里,极易让学习者对现代以色列社会的各个方面产生错误的印象。

同时,语料选文中人物距离时代久远,俚语部分用语陈旧也是不可忽视的两大方面。编者在每单元结尾部分设计了生活化的俚语教学,但某些20年前流行的俚语已经被现代社会的以色列人摈弃,真要使用这样的俚语与当下的以色列年轻人交流,会使对方啼笑皆非。另外,*Scratch* 中以人物小传为主题的语料基本讲述的都是犹太历史人物或者以色列建国初

---

① 庄智象, 束定芳. 现代外语教学:理论、实践与方法[M]. 上海:上海外语教育出版社, 2008:36.

期的人物,例如《安妮日记》的安妮·弗兰克、中世纪哲学家迈蒙尼德或以色列建国前的基布兹的建设者。虽然这些历史性人物传记对学生了解犹太人和犹太历史有正向作用,但全套教材都使用类似的传统犹太人作为人物小传的语料内容,则易于让学习者对犹太人产生刻板印象,学生通过语料了解犹太贤哲,了解饱受迫害的德国犹太人,了解犹太复国主义者的民族气节,那么当下的以色列人是什么样的呢?他们具有怎样不同的时代精神呢?至少学生难以从教材中得到答案。

(二)对象国文化一家独大

前文提及,*Scratch* 的语料选择和练习设计主要是以犹太和以色列文化为主导的,相比之下,其他国家多元文化及我国本土文化则被忽略,这样的设计与教材本身的培养对象和培养目标有关,亦与犹太人善于进行本族文化输出的民族特点有关。但在应用于中国高校的希伯来语专业教学时,则暴露出不顺应中以文化交流日益密切的趋势,不利于"中国文化走出去",亦难以满足"一带一路"倡议背景下国家对外国语言专业学生双向跨文化交际能力培养的要求。因为仅接触以色列、犹太文化会对学生带来以下问题:

(1)学生本土文化意识弱,缺乏认同感和文化自信。

(2)学生能够利用希伯来语表达对象国文化知识,而对于借助希伯来语介绍中国文化时则感到力不从心。例如学生知道怎样用希伯来语介绍犹太人的光节、五旬节,但却难以用希伯来语介绍中国的春节、中秋节,而跨文化交际是一个双向的过程,文化的平等沟通与传递才是语言交际的根本目的。

因此,如何在使用*Scratch* 时提升格局,适当改变、增添教材语料内容以解决学生的本土文化失语问题,从而提升学生的跨文化交际能力。

(三)词汇的"使用"问题和"实用"问题

虽然学生未反映词汇在产出方面的问题,但是根据笔者自身的教学和学习经验以及课堂观察发现,部分学生的词汇产出能力和接受能力依然是不平衡的,特别是部分学生在学到下册的时候依然会大量使用上册中的简单词汇进行写作和口语的输出,而很少使用下册中的一些复杂高级词汇,这也就是所谓的产出性词汇石化现象。产生这一问题的原因归根结底还是词汇输入与输出的不对等,具体原因包括教材词汇讲解深度不足导致学生对高级词汇的理解不够,教材针对词汇产出的练习的缺乏,教师对学生词汇输出的质量要求不高等,以及在此基础上学生认为使用简单、低级的词汇就能完成其想表达的意思而导致的不敢使用和疏于使用。

同时,影响学生词汇使用的除了上述外部原因,还有词汇本身的原因。在笔者调查过程中,发现有 68.2%的学生认为*Scratch* 某些词汇不太实用,需要额外补充词汇。通过考察教材配备的词汇表,笔者认为*Scratch* 出现让中国学生感到不实用的词汇有教材本身的客观因素,也有学习者主观因素,主要反映为以下两类:

(1)由于*Scratch* 是以色列编者针对在以学习希伯来语的学习者编写的教材,而这些学习者通常具有欧美生活经验,所以编者采纳了一些贴合欧美文化背景的"文化承载词汇",其中有不少让中国师生感到陌生、没有概念或难以驾驭,通常都是一些外来词,例如蛋黄酱、羽管键琴等。

(2)编者将语料中出现的某些学术性较强的词汇收录入词汇表中,学生在日常写作和会话中鲜少使用,例如动物学、人智学的、小儿麻痹症等。

因此,如何应对教材中出现的实用性不强的词汇,如何提高学生的词汇产出能力是亟待解决的问题。

(四)语法知识编排分散

语法知识编排分散,让学生在入门阶段感到吃力也是受访学生中反映频率较高的一个问题。在笔者调查过程中发现,受访的高校中均未在低年级开设专业语法课程,而学生的语法知识则主要来源于本套教材。编者虽然注重单个语法项目的教学,但是就整体框架而言,则具有内容分散而跳跃,基本语法知识点分布在一个庞大的篇章体系中的特点,主要表现为以下几个方面。

(1)语法知识点跳跃,同一语法知识点的学习被拆散在相距较远的多个章节内,显得琐碎、凌乱。例如一个重点数量词的两种用法分别分布在上册第三、七、十一单元中,而对基数词和序数词的学习则分布在上册的5个章节中。而希伯来语的各种前置词、副词也都分布在不同章节。许多学生表示,同一类语法知识的分散和跳跃会让入门学习阶段的学习变得混乱,如何将散落的知识系统地整理起来变成了学生的负担和一大难题。

(2)个别知识点存在重复现象,例如上册第二单元在阐释希伯来语名词阴阳性区分时,编者总结了希伯来语阴性名词词缀的5种词尾后缀特征,但同样的内容又出现在了下册第五单元中,而名词阴阳性的区分是希伯来语入门最基础的知识点之一,编者让其再次出现在下册中未免有些不合适。

(3)前文提及,编者在正文部分讲解完语法知识点后,还会在每单元末尾的语法笔记部分附加一些分散的语法知识点。然而,根据笔者的调查,70%的受访学生表示只会"有时候看看"这一部分,14%的学生表示"基本不看这一部分",另外还有4.5%的学生表示"从来不看"。而根据笔者的课堂观察,教师在实际课堂上对于这一部分的讲解也有很大的随机性,因此这样的编排很可能让学生错过对许多专业学生必须掌握的语法知识点的学习。

(4)未提供词变规律的总体框架。上文提及,词形变化是希伯来语语法的核心,而动词变位则是词形变化的核心,因此也是最需要学生进行系统学习的部分。虽然编者采用循序渐进的编排方式帮助学习者慢慢掌握希伯来语不同动词变位的方式,但却未能集中系统地向学习者阐释7种语干在意义和性质上的区别,亦没有做到把语干在三种时态的变位形式用简明的方式统一展现。也就是说,编者未能在教科书层面为学习者搭建一个随时可供参考的动词变位体系的知识框架,这难免会让语言入门阶段的学生在庞大的希伯来语动词体系中迷失方向。

笔者认为应该从两个方面去分析导致这个问题的原因,从教材层面来看,出现语法知识点编排分散的主要原因是*Scratch* 本身定位就是综合教材，而非语法参考书，编者把词法、句法以及各类型的语料、练习等综合在一本书里，难免会出现顾此失彼的问题。

其次，语法知识点发散而杂乱使得学生难以入门，这个问题可以概括为*Scratch* 呈现语法知识点的方式难以让许多中国学生轻松地构建一个语法体系，也应该从学生层面来分析。首先，经历过高考的大学低年级学生习惯了强调逻辑性、系统性的本土教材，而发散性强的原版教材难免会带来水土不服的问题。

同样不可忽视的是，即使现代希伯来语的句法结构已经做了西化调整，但希伯来语的一些闪米特族语语法结构特征对于中文母语环境下成长的学生来说仍然是陌生的，也就是说学生的脑中本来就不具备闪米特族语语法体系的根基。盖苏珊(Susan M. Gass)指出，构建一个新的语言体系也就是对学习者利用新接触到的单项知识对现有的语言系统进行不断的重组和修改的过程①。那么对于熟悉闪米特族语(比如母语是阿拉伯语)的学生来说，他通常会将新学习到的语法知识点和其母语中的某个类似的知识点对等起来(Cross-Linguistic Equivalences)，再在后期不断地进行调整和修正，那么自然就可以很快地构建希伯来语语法体系。而中国学生从自身来说就很难实现个别语法项目的对等，例如中文和英文中都没有和希伯来语中类似的动词、介词、形容词变位现象，也没有词汇的阴阳性区分和希伯来语中相对灵活的语序。

在这样的情况下，复杂性较强的词形变化体系成为一大难点。希伯来语不同的语干在不同时态和人称变位的模式中都有其区别于其他的变化规律，添加的词尾后缀和元音标记不同，与此同时，动词变位还有大量不规则情况，尤其是出现喉音字母时。而随着不同的语干变位时添加的元音标记不同，发音的变化也不尽相同，尽管总体来说具有一定的规律性，但是相似度高，复杂性强、易混淆，学生不易抓到重点。也就是说，希伯来语词变

---

① Susan M. Gass, Larry Selinker. Second Language Acquisition: An Introductory Course[M]. 3rd ed. New York: Routledge, 2008: 230.

得“感知突显度”(Perceptual Saliency)比较低,导致学生难以更好地注意到每种变化的方式,并习得它们,而许多研究者也提出了感知突显度使输入的某些特征更容易被理解,从而更容易被接受的假设。① 因此,没有一定量的练习及优越的语言环境,学生很难自己重组、整合这些分散的语法知识点,并从中提取出一套可供随时参考和使用的规则体系。

那么中国学生是否获得了外在的辅助、有效的练习和优越的语言环境呢? 首先,正如上文所说,学生在入门阶段的语法知识主要来源于 *Scratch*。其次,笔者在课堂随访中发现,有些学生在阅读教材配备的语料时有时并没有将重点放在对句法结构和词法使用上,而相对更注重对篇章含义的理解。另外有 81.8%的受访学生表示“教师基本按照教材顺序教学,但不是每篇语料都讲解,每个练习都做”,只有 15.9%的学生表示“教师不会跳过任何一个细节”,这说明并不是编者的所有编排设计都得到了很好的实践,而语言环境更是天然缺失的。笔者认为,这一系列原因综合起来造成了中国学生难以通过学习这套教材构建语法体系的问题。

另外,除了语法知识点编排分散以外,*Scratch* 还存在个别语法知识缺漏的问题。对于某些重要语法知识点,未全面展示其用法,而只进行片面解释。例如在上册第二单元的语法笔记部分提到了希伯来语系词的用法。但由于该语法知识点被安排在课后部分,作者只阐述了其在名词+名词句中的使用方式,并未提及其在名词+介词从句或名词+动词不定式句中的使用方式和作用机理,也没有阐释在哪些情况下禁止使用、建议使用或必须使用系词。这对学生全面掌握系词的使用方式十分不利。

产生这一问题的原因有二,其一是对于在第一和第二等级不必掌握的用法,编者就采取了忽略的措施;而对于一系列实际生活中不过于讲究细节和苛求精准的语法,编者就采取了忽略或简化阐述的措施,因为其出发点是语法知识的“用”。然而,对于外语专业的学习者来说,“用”是远远不

---

① Henrichsen, L. Sandhi-Variation: A Filter of Input for Learners of ESL[J]. Language Learning,1984, 34(3): 106. 感知突显度(Perceptual Saliency)也是 Schmidt 提出的几种影响学习者对语言信息的注意的因素之一。

够的，专业学习者应要在“用”的基础上，在更为宏观的层面上健全语法的概念，对专业和整体的语法知识有一定的把控。最新《外语语言文学类教学质量国家标准》中也将专业外语语法课程列为非通用语专业核心课程之一。

四、*Hebrew from Scratch* 使用策略建议

鉴于笔者在进行学生问卷调查和教师随访的过程中，几乎所有开课的希伯来语教师都表示在未来依旧计划继续使用这本教材进行基础阶段的希伯来语专业课教学，那么就必须针对其在中国希伯来语专业教学中遇到的问题找出兼具灵活性和可操作性的解决方案。

（一）充分利用现有语料，进行适当删减和添加

在解决语料与时代脱节的问题时，针对已经不被当下以色列人使用的俚语，教师可以直接删除，同时替补上与这些俚语、谚语表达意思类似的当今俚语和流行用语，但是这一策略对于教师本身语言水平及其对以色列当下流行文化的熟悉程度有较高要求。因此，鉴于外教在对本土文化的了解上具有显著的优势，在俚语、谚语等的教学方面可以充分发挥外教的作用。但中国教师也应不断增加知识储备，努力成为学贯中外的跨文化学者。

针对介绍古犹太人物的语料，笔者建议将其保留，因为这些语料所反映的内容往往是犹太历史发展进程中的关键人物，对学生了解犹太历史文化颇为重要，但同时也建议教师在学生学习过程中为学生播放反映当下以色列年轻人生活的电影或电视剧，带领学生欣赏流行音乐，阅读现代诗歌，让学生对当下以色列人的精神风貌有一定的了解。

针对具有教材编撰时代的以色列社会特征的相关语料，笔者建议不必将其直接摒弃，而可搜寻与其主题、难度相似的新语料进行协同学习。例如在读到关于 1998 年的耶路撒冷本 · 耶胡达市场的课文时，可以向学生提供 2020 年本 · 耶胡达市场的相关图片和报刊新闻；在读到介绍以色列 1998 年的结婚率的文章时，可以提供给学生讨论近几年结婚率下降，平均

结婚年龄增长的希伯来语报刊新闻作为对比材料。通过新旧语料的对比，不但可以提高学生的阅读能力和语言水平，还能让学生对以色列社会历史的变迁路径有较为清晰的认识，从而提高学生的历史知识储备。但是这个策略的可操作性还需在实践中进一步评估，因为寻找既能反映目标问题，又能适应学生语言水平的语料具有一定难度且耗费时间。

（二）合理安排词汇教学

在解决部分词汇不实用的问题时，教师可以不强制学生在基础入门阶段记诵学术性较强的词汇。但是针对具有显著西方文化背景特征的词汇，教师应该在引导学生了解相关文化背景的基础上，帮助其掌握这些词汇。在教学这类词汇的时候，教师要注重学生对词汇的接受，可以通过利用多种类型的网络资源创设教学情境，帮助学生通过了解其背后的文化内涵，从而创造一个良好的词汇学习氛围。另外，还可以通过辅助阅读一定量的例文、例句帮助学生进行词汇的内化和记忆。

针对学生的词汇产出能力不足和产出性词汇石化的问题，教师应首先夯实学生的词汇基础，加深学生对词汇的理解，尤其是复杂词汇和多义词汇，要从其词形、词根、惯用搭配多方面讲解，对于同一词根引申出的不同词汇，可以一起讲解，帮助学生树立词根概念，引导学生掌握意义联系，建构一个完整明晰的词汇网络。正如束定芳指出，在词义系统的教学过程中，用聚合关系和组合关系的概念来帮助学习者分析和记忆相关的复杂内容，十分有效。①

除了教师的讲解，学生也要学会自己感知词汇，根据希伯来语的特点，很多词义可以根据识别其词根以及上下文推理出来，那么锻炼学生的猜词能力就显得十分重要，教师可以通过在语料阅读中的有意引导和设置类似完形填空的练习题来锻炼学生这一能力。

在上述工作基础上要强调输出的重要性以及输出的质量，尤其是到了

---

① 庄智象，束定芳. 现代外语教学：理论、实践与方法[M]. 上海：上海外语教育出版社，2008：35.

上册后期和下册的学习阶段,应当要求学生跳出舒适圈,恰当使用复杂词汇产出句子,这既能提高学生的成就感,又能促进学生词汇接受性到产出性的转化。学习语言的最终目的是在某种程度上进行交际,教师可以设计多种课堂活动,引导学生在交际环境中使用词汇。

(三)重视多元文化教学和学生跨文化交际能力的培养

在解决原版教材带来的本土文化失语问题上,首先可以在保持教材原教学框架的基础上,加入中以、中犹文化比较的思考、写作或口语练习,有比较才有鉴别,学生只有通过对比才能获得一种跨文化交际的文化敏感性。[①] 学生可以通过阅读文献或借助网络资源找出不同文化碰撞的交汇点与反差点,再对其进行评析。例如在阅读讲述以色列犹太大屠杀纪念馆设计与展示陈列的文章时,引导学生搜索关于侵华日军南京大屠杀遇难同胞纪念馆设计与展陈的相关资料,或了解二战时期犹太人在上海的记忆,以此为起点可以进行讨论的主题很多,例如大屠杀对人民民族性的塑造,中犹的文化情感渊源等;在阅读《希伯来圣经》创世纪原文时,引导学生去搜索中国神话传统中的创世故事,发现其中的异曲同工和文化差异。上述活动皆可要求以希伯来语报告的方式进行,可操作性强,既可以锻炼学生的语言能力,亦可以引导学生客观认识对象国文化。通过两种语言文化对比,培养学生对不同文化差异的敏感性和适应性,帮助学生提高跨文化交际的意识和能力。

另外,中国文化的精髓部分是值得学生对外宣扬的,那么在教材中适量增补与中国文化、中国对外政策、中国热点问题相关的语料与练习对提高学生跨文化交际能力显得格外有必要。首先,教师可以额外为学生补充一些中国特有词汇的希伯来语表达,例如端午节、中秋节、“一带一路”倡议、除夕等,并在有条件的情况下进行系统梳理,这些词汇能够使学生具备用希伯来语表达中国特色事物的基本能力。

---

① 庄智象,束定芳.现代外语教学:理论、实践与方法[M].上海:上海外语教育出版社,2008:134.

其次,教师可以适量增加介绍中国文化(民俗文化、神话故事、优秀传统等)的希伯来语文章,借此增强学生运用希伯来语传递中国文化的能力,从另一个角度来说,阅读以色列人撰写的介绍中国文化的文章,还可以向学生提供以色列人看中国的独特视角,找到他们对中国文化理解的误区。

另外,在翻译课上还可以适量增加与中国文化相关的翻译练习,比如说尝试进行中国古典诗词的翻译练习,在学生思考如何在翻译过程中保留诗词原有的艺术形式和文化内涵的过程中,既能提高学生的本土文化自觉意识,又能促进学生笔译能力和跨文化交际能力的提升。

(四)尝试为学生系统化希伯来语语法知识体系

要解决教材语法知识点分散的问题,需在教材提供语法知识点的基础上尝试为学生构建一个清晰、系统的希伯来语语法知识体系,在这个过程中不仅要解决教材本身的问题,更需考虑中国学生的自身特点。

首先,考虑到学生不熟悉闪米特族语言的特征,教师可以利用语言导论课,围绕句法和词法两个方面向学生介绍希伯来语语法的大致体系和框架,从整体层面介绍希伯来语与其他语言,例如与英语或中文在语法上的不同之处。之后在每一次讲到单项语法知识时,都有意识地向学生阐释目标语法结构在该体系中的定位,它的类型、含义及在句中的成分,接着让学生自己进行总结,借此帮助学生对接触到的新语法知识进行归类,加强学生对整体框架和单项知识的双重认识。

其次,针对同一语法知识点分散的问题,可以适当调整教学顺序,尽量集中学习同一语法知识点。另外应当重视教材的语法笔记部分,而针对教材语法知识点遗漏的部分,教师应通过其他辅助材料尽可能地让学生全面地了解该语法知识点的使用规则,避免错漏任何一个语法知识点的教学。以上方式可以避免学生因为所学知识过于分散或相关知识的学习相隔时间过久而产生知识点遗忘或思维混乱问题,同时可以帮助学生直观比较同一语法知识点在不同语境中的用法,提高学习效率。

在上述工作的基础上进一步深化学生对单项语法知识点的学习,特别是核心词形变化规律的学习至关重要。前文提及,单项语法知识点的学习是系统学习的必要条件,语言学习在最初阶段都是逐项进行的,当学生能够在不同的语境中归纳其语言规则时,就表明学习已经进入系统的阶段。此外,学生觉得学完这套教材以后对希伯来语语法没有系统的概念也与其没有透彻地内化单项知识点有一定关系。教师一方面应当更详细、明确地阐述语法使用的规则,另一方面,考虑到学生在课堂之外缺失语言环境,教师也要更好地利用课堂时间进行教学干预,采用一些“输入增强”(Input Enhancement)策略来强化学生对语法知识点的注意。比如增加注释或例句,要求学生带着问题和任务去阅读,对于那些知觉显著性弱的语法知识点,更要明确地告诉学生在阅读的时候要注意什么,遇到理解难度高的语料时采取长句变短句或反复阅读的策略,保证语料的意义和形式都被兼顾,上述策略在前人的研究中都被证明是有效的。① 然而,课堂干预是一回事,学生是否能够有意识地或潜意识地内化注意到的知识点又是另一回事,所以学生的输出情况也应被特别注意,教师要利用好教材配备的练习,要求学生注重语法结构的使用,发现学生输出时的问题。另外可以再适当增加一些类似翻译、句型转换、完形填空、句子配对、内容复述等易把控、有标准答案的封闭式产出性练习,尽管这类练习比较僵化,但是能够有效锻炼学生语法知识利用的精准性,促进学生进一步内化语法知识。

利用好编者设计的 Timeout 部分进行阶段性的集中复习,可以帮助学生把厚书读薄,更高效地建立语法体系。*Scratch* 在每 6~7 个单元后都编排了一个复习单元作为前一阶段所学知识的整体回顾,教师可以利用好这一部分进行语法知识的集中复习,引导学生复盘所学的语法知识,再分模块地进行分类和概括,帮助学生形成对前一阶段所学知识点的整体把握。例如在学习动词现在时的变位方式时,起初在日常课堂中分散学习,当 7

---

① Smith, M. Input Enhancement in Instructed SLA: Theoretical Bases[J]. Studies in Second Language Acquisition, 1993, 15(2):165-179.

种语干的现在时变位全部学完之后，可以利用集中复习的时间将所有规则动词和不规则动词的变位用表格形式总结出来，这个表格可以在学完过去时和将来时后变得更加丰富，虽然可能会有些复杂，但可以从一定程度上化繁为简，将所有的动词变位有序地展现在学生面前。

最后，要保证学生语法体系的牢固稳定，除了要充分发挥教师的作用外，也要充分发挥学生作为学习主体的主观能动性。学生可以在教师的指导下借助体系明确、逻辑性强、内容全面、表述准确的语法工具书搭配综合教材作为参考，巩固课堂所学知识，同时这类语法工具书也可供学生随时查阅并检查自己的习得情况。

五、结语

Hebrew from Scratch 是一套优秀的希伯来语入门教材，在中国希伯来语教学和专业建设中发挥了积极的作用。随着时代的发展对外语人才的要求也不断提高，包括教材建设在内的希伯来语教学也需要不断改革创新，期待这篇文章能够为希伯来语教材建设乃至专业建设起到抛砖引玉的作用。

附录：教材练习设计样例

章节	词法/句法知识点	语料呈现形式	练习设计	练习类型	能力锻炼
上册 chapter1	无主语句子	切入语料： 场景对话+漫画	Exercise1：规定素材创建对话	开放式练习 输出性练习	知识点内化 口语能力
			Exercise2：规定词汇回答问题	开放式练习 输出性练习	知识点内化 口语能力
			Exercise3：规定话题讨论	开放式练习 输出性练习	知识点内化 口语能力 创造性思维能力 协同学习能力
上册 Chapter25	主动加强语干的过去时变位	切入语料：7组例句	Exercise1：动词填表	封闭式练习 输出性练习	知识点内化
			Exercise2：动词变位转换填空练习	封闭式练习 输出性练习	知识点内化 阅读能力
		语料2：短文：以色列人在伦敦	Exercise3：短文时态转换	封闭式练习 输出性练习	知识点内化 阅读能力
		语料3：短文：知名艺术家描述	Exercise4：划出本组陌生动词并查询其含义，与图片配对	封闭式练习 理解性练习	自主学习能力 阅读能力
		语料4：中篇阅读：西奈山	Exercise6：根据文章内容回答问题	封闭式练习 输出式练习	阅读并分析总结问题的能力
			Exercise7：回答开放性问题	开放式练习 输出性练习	口语能力 阅读并分析总结问题的能力 创造性思维能力
		语料5：与语料4相关的信件	Exercise8：设计对话	开放式练习 输出性练习	口语能力 创造性思维能力 协同学习能力

续表

章节	词法/句法知识点	语料呈现形式	练习设计	练习类型	能力锻炼
下册 Chapter2	名词句 将来时	切入语料:例句	无	无	无
		语料 2:4 组例句 以色列的天气	Exercise1:根据所给数据描述两个以色列城市的天气	开放式练习 输出性练习	知识点内化 口语能力
			Exercise2:写下世界其他城市的天气	开放式练习 输出性练习	知识点内化 写作能力
		语料 3:对话 校园开放日	Exercise3:根据对话内容回答问题	封闭式练习 输出式练习	阅读并分析总结问题的能力
			Exercise4:设计对话	开放式练习 输出性练习	口语能力 创造性思维能力
		语料 4:短文 和平的日子	Exercise5:动词填空	封闭式练习 输出性练习	知识点内化 阅读能力
			Exercise6:回答开放性问题	开放式练习 输出性练习	口语能力 阅读并分析总结问题的能力 创造性思维能力
			Exercise7:用规定素材写作	开放式练习 输出性练习	写作能力
		语料 5:圣经《创世纪》素材提炼	Exercise8:时态改写	封闭式练习 输出性练习	知识点内化 阅读能力
		语料 6:广告牌	Exercise9:时态转换模拟演讲	开放式练习 输出性练习	知识点内化 口语能力 创造性思维能力

续表

章节	词法/句法知识点	语料呈现形式	练习设计	练习类型	能力锻炼
下册 Chapter7	动词将来时在虚拟语气中的运用	切入语料：4 组例句	Exercise1：动词填空	封闭式练习 输出性练习	知识点内化
		语料 2：中篇阅读：犹太大屠杀纪念馆	Exercise2：回答开放性问题	开放式练习 输出性练习	口语能力 阅读并分析总结问题的能力 创造性思维能力
			Exercise3：时态改写	封闭式练习 输出性练习	知识点内化 阅读能力
			Exercise4：用规定素材和规定时态写作	开放式练习 输出性练习	知识点内化 写作能力
		语料 3：长篇阅读：犹太教育家	Exercise5：回答开放性问题	开放式练习 输出性练习	口语能力 阅读并分析总结问题的能力 创造性思维能力
			Exercise6：从文章主题出发向朋友写信	开放式练习 输出性练习	写作能力 创造性思维能力
			Exercise7：根据课文内容判断对错	封闭式练习 理解性练习	阅读能力
			Exercise8：教育主题演讲	开放式练习 输出性练习	口语能力 创造性思维能力
		语料 3：短篇阅读：安妮 · 弗兰克	Exercise9：学生自己寻找素材进行创意写作	开放式练习 输出性练习	写作能力 自主学习能力

浅析《匈牙利语教程》第一册练习题设置*

王　琳①
（四川外国语大学西方语言文化学院 重庆 400031）

摘要：教材是教学中的重要元素之一，是学生进行学习以及教师进行教学的重要文字依据。掌握语言必不可少的是练习，而练习题是学生进行课后学习、教师对学生掌握知识的程度进行评判从而进行针对性教学的重要工具。设置合理的课后练习对知识教学以及人才培养质量的提升起着至关重要的作用。本文对由外语教学与研究出版社出版的《匈牙利语教程》第一册这一教材的练习题设置进行分析和研究，分析其内部存在的优缺点，为未来高等教育匈牙利语教材中练习题部分的编撰提供参考。

关键词：匈牙利语　教材　练习

---

* 本文为重庆非通用语学院《匈牙利语初级教材国内使用情况调查》（项目编号 JG201907）的成果之一。

① 王琳，女，1993 年生，硕士，匈牙利语教师。主要研究方向：匈牙利语言文学、匈牙利语教学。

教材是教师进行教学以及学生进行学习过程中的重要元素之一。匈牙利语的教材更是学生认识匈牙利语这一非通用语言的一扇窗户,教材除了为学生提供听、说、读、写等方面的学习资料,也为学生巩固与应用知识提供练习的渠道。练习题作为学生自身以及教师了解学生知识掌握程度的重要衡量标准,对学生的整体学习起到了至关重要的作用。匈牙利语专业作为一个新兴的专业,教材数量仍然较少,种类较为单一。因此教材的编写注定成为匈牙利语专业教师的重要任务之一。与此同时,由于语言使用所需的实践性以及交际性,练习题的作用不言而喻。《匈牙利语教程》第一册作为匈牙利语专业学生的初级教材,不仅承担着引起学生学习匈牙利语的动力和兴趣的重要任务,更是在匈牙利语学习的重要阶段中起到了夯实基础的重要作用。本文将从练习题的题量、题型、知识点设置等角度出发,对《匈牙利语教程》第一册的练习题设置进行分析,以期对未来教师设计匈牙利语教材练习题提供参考和建议。

《匈牙利语教程》目前共出版了三册,其中第一册以及第二册于 1998 年由外语教学与研究出版社出版发行,其定位为匈牙利语学习基础阶段教材用书,第一册共有十五课,其中包括语音、对话、词语、语法、练习等内容。由于文章篇幅等原因,本文主要将目光放在第一册练习题的分析和研究之上,暂不涉及其他册别。本文将对练习题的数量、题型等进行统计,并且根据统计数据对匈牙利语教材的练习题编写提出建议。同时,基于匈牙利语作为非通用语的特性以及其教材缺乏的特征,笔者参考英语、对外汉语等其他语言类教材评价的体系对《匈牙利语教程》第一册进行内部分析研究。

一、研究综述

目前在国内未有对匈牙利语教材进行的相关研究。因此,笔者将目光放到了同为第二语言教学的英语教学、对外汉语教学等其他相近领域。纵观这几个领域对教材的研究,可以发现,目前的教材研究具有从宏观整体走向微观具体的趋势。

赵金铭[①]先生不仅指出教材中设置的练习题需要覆盖当课全部的教学内容,更是在此基础上提出了循序渐进的原则,并且将练习题的种类分为了机械性、交际性以及活用型三种,奠定了后人对练习题题型研究的基础。杨惠元[②]则提出了"语音—词汇—语法—功能—成段表达—篇章模式—阅读练习"的"一条龙式"的练习模式,为今后练习题设置提供了一定的方向。

在此基础上,周健、唐玲[③]则对练习题设置的原则进行了研究以及探讨,强调了培养学生语感在练习题设置中的重要性,提出在贯彻交际原则、任务原则和意义原则的基础上设计具有目的性、针对性和有效性的练习。

除了以上从练习题设置理念等角度宏观上对练习题进行的研究之外,对某一具体原则的探讨也逐渐增多。刘颂浩[④]再一次对练习题设置原则进行了概括,他提出练习题的设置需要做到:目的明确、形式活泼;简洁直接、实用有效;编排有序、彼此配合;主次分明、种类适中;布局合理、文练平衡。李泉[⑤]、刘颂浩[⑥]、刘乐宁[⑦]等学者分别对教材中的练习题的针对性、趣味性以及国别化的重要性进行了研究。

英语是大部分中国人最先接触到的第二语言,其教学方法以及教材的编写方法也对国内的教师产生了巨大的影响。对这一成熟的第二语言领

---

① 赵金铭.对外汉语教材创新略论[J].世界汉语教学,1997(2):54-61.

② 杨惠元.论《速成汉语初级教程》的练习设计[J].语言教学与研究,1997(3):30-37.

③ 周健,唐玲.对汉语教材练习设计的考察与思考[J].语言教学与研究,2004(4):67-75.

④ 刘颂浩.对外汉语教学中练习的目的、方法和编写原则[J].世界汉语教学,2009,23(1):111-120.

⑤ 李泉.论对外汉语教材的针对性[J].世界汉语教学,2004(2):49-57,3.

⑥ 刘颂浩.关于对外汉语教材趣味性的几点认识[J].语言教学与研究,2008(5):1-7.

⑦ 刘乐宁.论汉语国别教材的适用性[J].海外华文教育,2010(2):21-28.

域进行研究与分析，对进一步研究匈牙利语教材起到了较强的引领作用。Grant[①]就曾建设性地提出了教材评价理论，他提出要将教材评价分为初步评价、细致评价以及使用中评价三步。其中初步评价包括教材是否拥有其他辅助材料、教材的整体印象等内容，为本课题进行教材的分析研究提供了思路。国内也有较多研究围绕英语教材的分析及评价展开，高凌飚[②]建立了教学评价的四个维度，通过教材内语言知识是否科学、教材编写的顺序是否符合学生认知发展的规律、教材编写是否具有技巧以及教材内容是否体现思想性原则四个方面，对教材进行评价与分析。同样，学术界对英语教材的研究也经历了一个从宏观到微观的转变。Krasmsch[③]用跨文化的视角对教材中的文化进行了分析研究，他的研究指出，在文化学习过程中，学习者经常将对象国的文化与本国的文化进行比较，而这种比较有助于加深学习者对两国文化的了解。Krasmsch的研究使本课题在研究过程中注意到了教材中的文化因素对学习者学习的促进作用，从而将文化因素纳入教材评估的重要一环之中。

综上所述，目前针对练习题设置的研究逐渐从宏观转为微观，针对性、实用性、趣味性和交际性越来越成为教材编写者的共识，也成为评判教材的重要原则。根据这些领域学者对教材练习题的研究，本文从练习题数量、题型等层面，对《匈牙利语教程》第一册的练习题进行分析，希望通过本文的分析研究，能对未来匈牙利语教材的编撰以及使用提出有意义的建议。

二、练习题数量分析

练习题的数量是练习题分析研究的最为直观的统计因素。在语言教

---

① Grant, N. Making the Most of Your Textbook [M]. New York: Longman Group UK Limited, 1987.

② 高凌飚. 关于教材评价体系的建议[J]. 全球教育展望,2002(4):46-50.

③ Kramsch, C. Context and Culture in Language Teaching [M]. Oxford: Oxford University Press, 1993.

学中,学者们普遍认可“精讲多练”这一教学理念,但是“多练”的“多”具体数量应该是多少,并无定论。练习题的设置应该适中,太多的练习题会给学生增加过多的负担,从而使学生对语言学习丧失兴趣;太少的练习题则无法起到复习以及巩固的作用,从而使学生的学习不扎实,无法得到提升。因此,练习题数量设置得是否合理同样是判断一本教材是否优秀的一个重要因素。

考虑到数量统计的严谨性,对下文表格中的数据来源作出以下定义:第一,计算小标题,以最小级的标题作为数据计算的来源。大标题“一”以下若无“1”,则自身算作一题。以此类推,小标题“1”以下若无“(1)”等二级标题,则自身算作一题。同时,由于题型不同,为了更精准地掌握练习题的数量,笔者还对练习题所占页数进行了统计,未满一页者也算作一页。

表 1 《匈牙利语教程》第一册练习题数量统计

	题量/页数
第一单元	26 题/3 页
第二单元	49 题/4 页
第三单元	48 题/4 页
第四单元	44 题/6 页
第五单元	51 题/5 页
第六单元	88 题/6 页
第七单元	83 题/6 页
第八单元	111 题/7 页
第九单元	80 题/6 页
第十单元	90 题/6 页
第十一单元	113 题/9 页
第十二单元	90 题/9 页
第十三单元	95 题/7 页

续表

	题量/页数
第十四单元	94 题/7 页
第十五单元	165 题/11 页
总计	1 227 题/96 页

由表 1 可知,《匈牙利语教程》第一册共有十五个单元,1 227 道练习题,平均每个单元有 81 题,一个单元最多练习题数量为 165 题,一个单元最少练习题数量为 26 题,各个单元相差的最大值为 139 题,最小差值为 1 题。由练习题的数量可以看出,《匈牙利语教程》第一册的练习题数量体现了作者对“精讲多练”语言的学习以及教学规律的把控,通过大量的练习题帮助学生更快地进行语言的训练以及内化。

为了能够更好地掌握本教材每个单元练习题之间的题量变化以及其变化趋势,除了对每个单元的练习题数量进行分析研究之外,笔者对每个单元之间的练习题数量变化进行了研究,如图 1 所示。

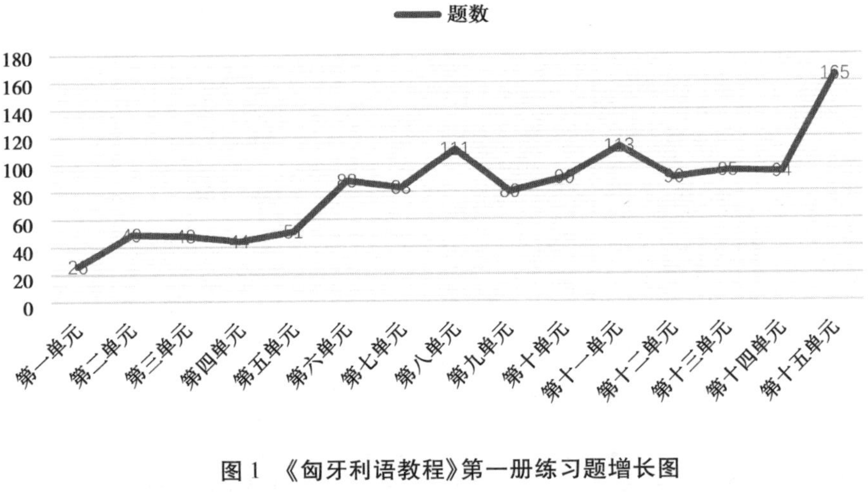

图 1 《匈牙利语教程》第一册练习题增长图

图 1 中的数据显示,练习题的数量在教材中整体呈上升趋势,趋势总体较缓,个别单元之间的波动幅度较大。对于语言学习初学者来说,语言的学习要循序渐进,练习题数量的逐步上升正是符合初级学习者学习规律

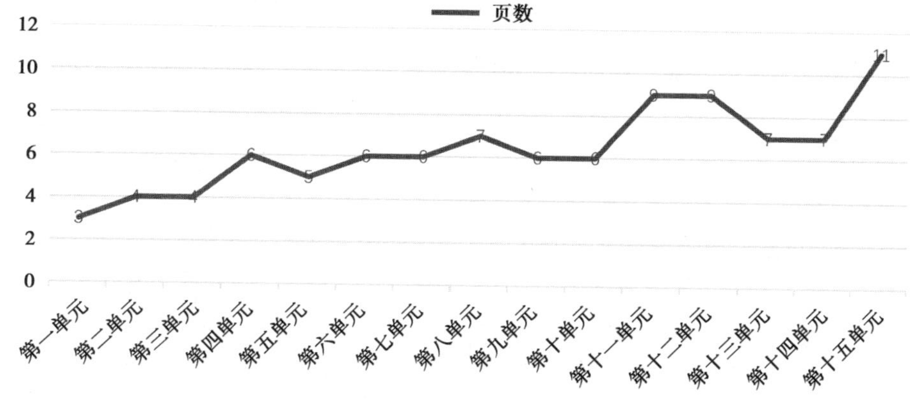

图 2 《匈牙利语教程》第一册练习题页数趋势图

的一种练习题数量设置方式。但是同时,从图 1 中也可以看出,教材中临近的两个单元之间最大的题差为 69,页差为 4 页,单元与单元之间练习题数量的波动幅度较大。其中第十五单元的练习题数量最多,这是因为此单元为本教材的最后一课,承担着总结的任务,练习题也包含了全书的语言点。如若不将十五单元纳入统计范围之内,《匈牙利语教程》第一册则共有 1 062 道练习题,书中共有 85 页为练习题页,平均每个单元有 76 道练习题或 6 页练习题页。练习题数量最多的单元将变为第十一单元,共有练习题 113 题/11 页,练习题数量最少的仍为第一单元,共有练习题 26 题/3 页,各个单元相差的最大值为 87 题,差距明显缩小。第一单元的练习题数量始终保持最少是因为第一单元是对匈牙利语初学者的引导入门课程,主要讲解语言发音,语法、文章等内容较少。同时,第一单元练习题数量较少也符合学生的学习策略,在初始阶段以培养学生兴趣为主,不宜给学生带去太多的学习负担。从各个单元之间的练习题最小差值只有 1 题可以看出本教材的练习题分布较为稳定。总体来说,《匈牙利语教程》第一册练习题数量差距不是很大,最值合理。

为了能够更好地确认练习题的数量是否适量,笔者对练习题页数在该单元总页数的所占比例进行了列举以及分析,具体情况如表 2 所示。

表 2　练习题页数占该单元总页数比例表

	练习题页数/该单元总页数	百分比(%)
第一单元	3 页/11 页	27.3
第二单元	4 页/18 页	22.2
第三单元	4 页/16 页	25
第四单元	6 页/19 页	47.3
第五单元	5 页/22 页	22.7
第六单元	6 页/23 页	26.1
第七单元	6 页/19 页	47.3
第八单元	7 页/23 页	30.4
第九单元	6 页/24 页	25
第十单元	6 页/24 页	25
第十一单元	9 页/25 页	36
第十二单元	9 页/29 页	31
第十三单元	7 页/31 页	22.6
第十四单元	7 页/26 页	26.9
第十五单元	11 页/33 页	33.3

从表 2 可以看出,《匈牙利语教程》第一册练习题页数所占比例在 22. 2%~47.3%,极差为 25.1%,平均数为 29.9%。其中,练习题占该单元比例最低的为第二单元,原因主要在于初始课程内容较少,练习题数量也较少;第七单元以及第四单元的练习题占比最高,结合之前的研究可知,这两单元均不是练习题数量最多的一课。进一步探索可知,第四单元为语音总结课,因此该单元的语音练习题较多,而第七单元则第一次涉及基数词、序数词等数词的概念以及使用方法,由于匈牙利语中基数词、序数词等词用法不同,课后练习多围绕各类数词设置,因此练习题数量较多。由表 2 可

知,《匈牙利语教程》第一册的练习题所占比例较为合适。但是练习题的数量到底设置多少算作合适,这一问题目前在各个语言领域均未有定论。

总结上文的分析可以得出,《匈牙利语教程》第一册的练习题数量设置较为合理,练习题数量呈现逐渐增长的趋势,同时,增长幅度较为稳定,峰值产生合理。教材中任意一课的练习题页数占所在单元的页数比例均未超过 50%,由于对于练习题数量所占比例的合理值暂无定论,笔者个人认为该比例较为适宜。

三、练习题形式分析

除了对练习题的数量进行研究,还需要对练习题的编排以及设计进行研究。练习题形式的研究,实质上是对“怎么练”这一问题的研究。语言的学习一直强调“精讲多练”的重要性,但是练习题容易给学生造成很大的学习负担,使学生对语言学习产生厌倦感。因此,除了上文所提到的适当控制练习题数量之外,采用多种形式的练习题也是引起学生兴趣,降低学生疲劳感以及倦怠感的一种方式。

为了更好地对练习题的形式进行分析研究,本文将各个单元出现的题型进行了总结,具体如表 3 所示。为了方便统计,本文将相似题型归为一类,例如“填上定冠词”“把空缺的词填上”“选择合适的宾语”“填上合适的词尾”等题均归为填空题,将“划出合适的宾语”“将文中的时间状语和地点状语挑选出来”等题归为划出词语题,将“把动词改为单数人称”“将句子改为否定句”“扩充句子”等题均归为改写句子题,将“根据教室实物提问并回答”“根据教室内的实物,两人进行对话”等均归为对话题,将“根据例句填上问句与答句”“根据下列句子提问”等归为填写句子题。另外由于“回答问题”中包含两种考察不同知识点的题型,为了便于后续统计,本文将考察语法知识点的题目归为填写句子题,而考察学生对课文的理解能力的题目归为回答问题的题目。

表 3 《匈牙利语教程》第一册练习题题型统计

第一单元	拼音练习、单词拼读练习、填空、默写、根据所学单词造句、朗读句子、对话、填空、翻译句子、书法练习
第二单元	拼音练习、单词拼读练习、划分音节、对话、填空、朗读句子、朗读对话、填空、翻译句子、填空、回答问题、书法练习
第三单元	拼音练习、单词拼读练习、朗读课文、回答问题、填写句子、填空、翻译句子、朗读对话、书法练习
第四单元	拼音练习、单词拼读练习、读缩略词、绕口令、叠词练习、朗读单词、朗读单词、改写句子并朗读、填写句子、回答问题、翻译句子、背诵、听写、翻译对话(匈翻中)
第五单元	单词拼读练习、朗读句子、绕口令、听写、改写句子、改写句子、对话、改写句子、看图说话、回答问题、翻译句子、改写句子、改写句子
第六单元	单词拼读练习、朗读对话、填空、改写句子、改写句子、看图回答问题、看图说话、填空、改写句子、回答问题、翻译句子、改写句子
第七单元	单词拼读练习、绕口令、填空、改写句子、读数字、读电话号码、填空、填空、根据图片回答问题、看图说话、回答问题、回答问题、翻译句子、回答问题
第八单元	填空、填空、改写句子、改写句子、改写句子、改写句子、翻译短文(匈翻中)、造句、回答问题、翻译句子、填空、朗读对话、歌曲
第九单元	填空、填空、回答问题、回答问题、填空、动词变位、造句、改写句子、回答问题、翻译句子
第十单元	根据图片回答问题、填空、填空、根据图片回答问题、填空、造句、填空、划出词语、回答问题、翻译句子、填写句子、填空、填写句子、填空
第十一单元	填写句子、填空、填空、填空、填写句子、填空、填写句子、根据图画回答问题、对话、回答问题、民歌、填空、翻译句子
第十二单元	填写句子、改写句子、填空、填写句子、改写句子、改写句子、翻译短文、写作、填写句子、回答问题、猜谜游戏、翻译句子、对话
第十三单元	填空、填空、造句、填空、填空、造句、造句、填空、填写句子、作文、回答问题、翻译句子、翻译短文
第十四单元	填空、填空、填空、改写句子、填空以及填写句子、填空、填空、填空、填空、回答问题、翻译句子、歌曲、朗读对话
第十五单元	回答问题、改写句子、改写句子、填写句子、填空、填空、填写句子、填写句子、改写句子、填空、改写句子、填空、填空、填空、填写句子、填空、填写句子、填空、填写句子、朗读短文、翻译短文

由表 3 可以看出,《匈牙利语教程》第一册的练习题题型较为固定,以“填空”“改写句子”“填写句子”“翻译句子”等一类练习题为主。较为固定的题型能够帮助学生形成练习的范式,从而在练习中达到更好的效果。

(一)练习题题型设置研究分析

对外汉语界的刘珣①将练习题分为了三种类型:一为机械性练习,即机械化地练习课文中出现的知识点,例如重复、朗读等;二为有意义的练习,此类练习题在机械练习题的基础上要求学生加入自己的理解,例如根据课文回答问题、完成句子等;三为交际性练习,这类练习往往是带有交际性的,自由度较高,需要学生灵活使用所学内容,例如辩论、场景对话、演讲等。在此基础之上,杨寄洲②则将练习题分为理解型练习、模仿记忆型练习、智力开发型练习和交际型练习。托斯顿·胡森主编的《国际教育百科全书》则将练习分为了巩固型练习、拓展知识型练习、系统内化型、实践运用型、独立运用型以及导入型六种类型。笔者结合以上这几种理论,根据《匈牙利语教程》练习题的特性,将练习题类型分为记忆模仿型、理解运用型以及实践交际型三种,具体统计数据如表 4 所示。

表 4 《匈牙利语教程》第一册练习题题型设置统计

练习题总量	1 227 题
记忆模仿型数量	259 题
记忆模仿型题型	拼音练习、划分音节、单词拼读练习、默写、朗读句子、书法练习、划出词语、回答问题、背诵、听写、歌曲、绕口令、朗读对话、朗读短文、朗读缩略词、叠词练习、读数字、读电话号码、动词变位、划出词语
记忆模仿型占比	21.1%

① 刘珣. 新一代对外汉语教材的展望:再谈汉语教材的编写原则[J]. 世界汉语教学,1994(1):58-67.

② 杨寄洲. 编写初级汉语教材的几个问题[J]. 语言教学与研究,2003(4):52-57.

续表

练习题总量	1 227 题
理解运用型数量	964
理解运用型题型	填空、填写句子、造句、翻译句子、翻译短文、改写句子、翻译对话、看图说话、根据图片回答问题
理解运用型占比	78.6%
实践交际型数量	4
实践交际型题型	对话、写作、猜谜
实践交际型占比	0.3%

记忆模仿型练习的主要题型有朗读、回答问题、背诵等。语言学习者在语言学习的初级阶段主要以记忆以及模仿为主,属于“输入”型,是灌输知识的初级阶段。在设计针对初学者的教材之时,此类练习题应该设置在其他两类练习之前,且应该占据较大比例。据统计,在《匈牙利语教程》第一册中出现的记忆模仿型题型主要表现为朗读等题型,共有 259 题,占所有练习题的 21.1%。

理解运用型练习是记忆模仿型练习题的升级版,是在记忆模仿之后,学生需要根据自己的理解进行练习,并且巩固所学的语言知识。《匈牙利语教程》第一册中存在大量的填空、翻译等理解运用型练习题,数量高达 964 题,占据所有练习题数量的 78.6%。理解和运用是语言学习的关键步骤,这类练习更多地强调学生的主体性,对于提高学生的语言能力有很大的帮助,题型设计比记忆模仿型更多灵活多变,在帮助学生巩固知识的同时,为学生下一步实践运用语言进行交际打下基础,因此,其占据最大比例是合理的。

实践交际型练习题则是脱离教材,要求学生实际使用语言进行交际的练习题。语言是人们进行交际的工具,语言教学的主要任务就是要提高学生用语言交际的能力。此类练习题最为灵活,且难度也最大,但却是必不可少的一类练习题。从表 4 的统计来看,《匈牙利语教程》第一册仅有 4 题为实践交际型练习题,仅占所有练习题比例的 0.3%,显然这个比例是比较低的。

综上所述,从练习题题型设置的角度来看,《匈牙利语教程》第一册在记忆模仿型以及理解运用型题型上的设计较为合理,但是实践交际型练习题数量较少,且并不是每一单元都有出现,在此方面仍可以有所改进。

(二)练习题语言技能考察设置研究分析

语言教材中练习题的设置应该是为锻炼学生听说读写译各方面语言能力而服务的。因此,本文继续对强化听说读写译五种语言能力的练习题题型进行研究。为了专注于研究练习语言技能的练习题,本文将未有明显考核听说读写译技能的语法类练习题,例如人称变位练习等,一并归为语法练习题。

表 5 《匈牙利语教程》第一册语言技能练习题统计

	练习题数量/占比	题型
听力练习	2/0.2%	听写
口语练习	71/5.8%	拼音练习、单词拼读练习、朗读句子、朗读短文、对话、歌曲、绕口令、看图说话、根据图片回答问题、划分音节、朗读对话、读缩略词、叠词练习、读数字、读电话号码
写作练习	40/3.3%	默写、造句、书法练习、写作
阅读练习	204/16.6%	回答问题、猜谜
翻译练习	203/16.5%	翻译句子、翻译短文、翻译对话
语法练习	707/57.6%	填空、改写句子、填写句子、背诵、动词变位、划出词语

从表 5 中可以看出,《匈牙利语教程》第一册练习题设置时将更大的比例放在了语法知识的练习之上,占据了所有练习题数量的 57.6%。相较而言,练习题中专注强化学生听说读写译语言技能的训练题数量较少。其中练习阅读以及翻译的练习题数量占比类似,分别为 16.6%和 16.5%。进

一步研究发现,阅读练习主要题型为“回答问题”,即根据课文内容回答问题,考察学生对课文的阅读理解能力。而翻译练习主要包含翻译句子、翻译短文以及翻译对话三类题型,其中翻译句子考察中翻匈的能力,共有练习题198题,占据所有翻译练习的97.5%,而剩余的翻译短文以及翻译对话则考察匈翻中的能力,题目共有5大题,占据所有翻译练习的2.5%。诚然,该数据受到了数据统计的影响,由于翻译短文、翻译对话下再无二级标题,因此均计算为1题。但是由此数据还是可以看出,《匈牙利语教程》第一册中主要锻炼学生中翻匈的能力,涉及匈翻中的翻译训练较少。写作练习占据比例也较少,数量仅为40题,仅占所有练习题数量的3.3%。由于《匈牙利语教程》第一册为匈牙利语专业的初学者所设计,在开始阶段主要以学习语言知识为主,写作训练较少可以理解。听力练习占据比例最少,仅有听写这一类题型,占据0.2%的比例。

综上所述,从语言技能训练的角度出发,《匈牙利语教程》第一册以语法训练为主,阅读以及翻译能力次之,较少涉及写作以及听力训练,在平衡各类语言技能训练上仍然可以改进。

四、建议

一直以来,在教材编撰以及使用过程中,总是教材的课文、语法编排等更受人瞩目,而练习题的设置则一直是较受忽视的环节。匈牙利语作为一个非通用语言,还未曾像英语一样有相应的课程标准对教材的编写提出较为具体的要求。因此,笔者根据其他语言教材练习题编写的原则以及自身使用本教材的经验为基础,尝试对《匈牙利语教程》第一册的练习题设置以及使用提出以下建议。

(一)语音练习与语意练习相结合

根据上文的统计可知,《匈牙利语教程》第一册前七单元中均有与单词拼读练习等相似的朗读类练习题。而此类练习题与本单元的内容联系并不是十分的紧密,有部分练习的单词难度较大。是否进行学习、是否需要讲解，是此类练习题在练习时会给教师以及学生带来的困扰。如若语音练习能够与本单元或前一单元的内容相结合，不但可以避免此种困扰，更是可以帮助学生复习之前的知识，帮助其巩固学习。

（二）练习题中融入文化知识

目前来看，编者在编写《匈牙利语教程》第一册之时已然考虑到了在练习题中适当融入匈牙利文化这一点：在第八单元中选取了匈牙利圣诞节的歌曲，以及在第十一单元加入了匈牙利的经典民歌。这两点都体现出，作者已然有了练习题与文化相融合的意识。文化与练习题相融合不但可以帮助学生在潜移默化之中了解对象国的文化，更是可以使练习题变得更具国别性以及交际性，在未来的交际中也会有所帮助。

（三）练习题中增加趣味性

练习题在学生的心中一直是较为枯燥的印象。增加练习题的趣味性能够提高学生的主动性，激发学生练习的兴趣，帮助学生更加投入到练习之中，帮助学生更好地巩固、加强其语言知识及能力。第十二单元中出现的猜谜以及第七单元出现的绕口令也体现出作者在编写本教材中意识到了这一点。但是目前来看，趣味性在教材中的体现仍然不太明显，相比于其他语法练习题等数量较少，无法很好地达到该有的效果。此外，《匈牙利语教程》第一册是黑白打印的教材，书中无论是课文还是练习题部分均未出现任何图片，这也是趣味性不足的一种表现。

（四）增加练习题设计的交际性

语言是人们进行交际的工具，语言教学的主要任务就是要提高学生运用语言进行交际的能力。语言学习的最终目的是运用语言进行交际，因此教材中练习题是否能对学生的交际能力进行强化显得至关重要。前文的统计中可以发现，《匈牙利语教程》第一册练习题的交际性较弱，实践交际型练习题占比较小，训练口语的练习题型所占比例也不高，主要集中在前期对语音的掌握以及练习之上，涉及日常交际的练习题形式较为少见。

此外，教材在设置练习题时，也应该根据学生实际的交际需求，选取真实、自然的语言材料，贴近学生的日常生活，这样才能更好地培养学生的语言交际能力。而《匈牙利语教程》第一册中存在部分练习题老旧，不贴近日常生活的情况，例如“我父亲是北京第一造纸厂厂长”等。练习题要能锻炼学生在实际生活中准确、得体地使用所学语言进行表达的能力。

（五）增加练习题设计的有效性

练习题的有效性指的是教材使用者能够通过练习题对某一知识点或某一语言技能进行练习。练习题的有效性首先体现在指令与要求是否清晰、准确上。《匈牙利语教程》第一册练习题的指令较为明确，但是也存在部分练习题指令意义不明的情况。例如在第五单元中出现了“根据教室挂图回答问题”以及“看图说话”这两种题目，但是在书中未出现图片，因此该练习题对于非北京外国语大学匈牙利语专业的学生和教师而言有效性较低。

此外，《匈牙利语教程》第一册的练习题没有附有练习题答案，部分自学的学生无法通过核对答案确定自己练习的成效。

新冠疫情下韩国语写作教学研究

——以慕课和对分课堂为研究对象*

刘红娅[①]　黄进财[②]

（四川外国语大学东方语言文化学院 重庆 400031）

摘要：传统教学一般采取线下授课为主，线上授课为辅的教学模式。新冠疫情期间为确保全国学生及教职工的安全，国家决定全国大中小学延期开学。受疫情影响，线上教学成为教师与学生进行学业沟通的主要方式。而教师与学生对线上模式的陌生使得教师与学生需在教学实践中共同重新探索线上相关教学模式、流程等相关内容，这在无形中大大降低了线上教学的效率和效果。因此，新冠疫情下相关专业课程教育的研究便显得十分必要，对相关专业的线上教学方式具有一定的指导意义。本文围绕新冠疫情下韩国语写作教学主题，以慕课和对分课堂为研究对象，尝试探索适用于韩国语写作教学的线上教学模式。

关键词：新冠疫情　写作教学　慕课　对分

---

*　四川外国语大学高素质复合型朝鲜语国际化人才培养教学团队成果之一。

①　刘红娅，女，1996 年牛，四川外国语大学 2019 级朝鲜语笔译硕士，青岛蒙德外语韩语老师。

②　黄进财，男，1978 年生，硕士，四川外国语大学韩国语专业教授。主要研究方向：韩国语教育、中韩互译、中韩语言、文化比较、区域国别研究。

一、研究目的和意义

受新冠疫情的影响，全国各地大中小学发布停课通知，各地教育部门积极推动网络教学，停课不停学，搭建云课堂。而线下教学也从辅助教学模式成为疫情期间教师和学生沟通的主要方式。线上教学和线下教学模式之间存在明显差异，与体系完善、教学模式成熟的线下教学模式相比，线上教学模式存在诸多问题，需及时拓宽新思路、探索新方向、提供新方法、建立新模式。因此，对线上教学模式进行有效探索显得十分必要。

本文针对新冠疫情下韩国语写作教学，以慕课和对分课堂为研究对象，试图探索出适用于韩国语写作教学的线上教学新模式。将慕课和对分课堂进行结合，以学生为中心，以课堂为中心，最大效率地发挥出线上教学以及课堂教学的效果。希望对其他专业的线上教学方式的探索也具有一定的启示。

二、大学韩国语写作教学现状

大学韩国语写作教学是韩国语教育中的重要组成部分，但由于目前教育理念、教育环境等方面的限制，写作教学成果并不显著，目前大学韩国语写作教学现状并不理想。

（一）写作教学模式相对固化，缺乏趣味性

传统的写作教学模式主要是学生完成写作课题后，提交给教师，教师直接对学生作业进行批改。这种教学模式既加大了教师的工作量，写作课题中隐藏的知识点也无法被学生主动消化吸收，大大降低了教学效率，很难提高学生的写作能力。且写作属于输出环节，难度较大，学生自主练习写作极可能不得其法，浪费时间，消磨积极性。课堂上教师若不引导学生进行互动讨论，便很难调动学生学习写作的积极性，学生学习效率低下，学习能力难以提高。

（二）写作教学效果差

写作教学模式固化、缺乏趣味性，学生学习兴趣低。写作练习内容缺乏新意，写作课题无法紧跟时代潮流，无法引起学生共鸣，影响写作教学的最终效果。

（三）师资力量匮乏

担当写作教学任务的教师最理想的选择应是母语使用者，即外籍教师。目前高校韩国语专业普遍存在的问题是外籍教师数量不足。

三、理论背景

（一）慕课

慕课（Massive Open Online Course），指的是大规模在线开放课程。中国 2014 年正式开通“中国大学 MOOC”互动学习平台，目前全国 600 多所高校在平台上开设系列课程。慕课与传统课堂教学不同，不会因空间或时间以及其他因素而限制学生人数，学生数量十分庞大。参与者们发布的课程不仅涵盖各类考试，例如：大学英语四六级、雅思、托福等，还包括计算机、考证就业、工学、心理学、艺术设计、经济管理、医药卫生、理学、文史哲等不同领域不同专业的课程，满足了各行各业学习者的学习需求。慕课线上教学模式的核心是以教学视频为主，注重课程教学。但慕课并不是多个教学视频的单纯集合，而是成体系、成系列地针对某一专业的某一课程内容上传系列教学视频，帮助学生循序渐进地了解课程内容。慕课提供的服务不仅包括课上所需的视频资源和学习资料，还包括课后的学习管理、作业布置、作业回收、作业批改、答题解惑以及考试评价等多模块，真正实现了线上对学生进行教学、引导以及学习效果的评价和反馈。

慕课不同于传统的课堂教学模式，传统教学通过课堂以及教材两大桥梁，将教师与学生联系在一起。课堂上注重以教师为中心，“教”与“学”中，“教”处于中心位置，教师在课堂中起主导作用。而慕课则不受课程和教材的限制,通过教学视频将教师和学生联系起来,学生起主导作用。慕课教学视频中虽主角仍是教师,但教师的角色从传统的课堂主导者,转变为课堂教学的引导者。“教”与“学”两者中,慕课教学模式无形中削弱了“教”的地位,教师只起到知识学习的引导作用,提高了学生在学习过程中的参与度,也提高了学生自主学习的能力。自主学习能力的养成不仅能够提高学生的学习效率,对其以后的学习和工作也会产生积极的影响。

(二)对分课堂

对分课堂是美国普林斯顿大学博士、复旦大学心理学教授张学新教授提出的一种新型教学模式。对分课堂注重先教后学,以教师讲授为先,但这并不意味着课堂以教师为中心,而是教师在对课堂内容进行基本讲解之后,引导学生对内容知识进行理解,之后学生自主进行学习。对分课堂讲授之后的互动环节,是让学生在互动中逐渐吃透知识要点,深入理解知识,在轻松的课堂气氛中掌握内容的重点以及难点。

对分课堂主要分为三个阶段。第一阶段是教师课堂讲解阶段,如今虽提倡改变传统的以教师为中心的教学模式,但学生无法独立完成整个学习任务,因此教师仍然是整个教学过程不可或缺的引导者和带领者。教师在课堂讲解阶段进行课程导入,对于课程内容中的难点、重点进行集中讲解,根据学生的学习水平,适当布置学习任务,使得学生在完成学习任务的过程中,循序渐进地理解和吸收学习内容。第二阶段是学生自我内化学习阶段。自主学习能力是每个高年级学生都应掌握的基本能力,学生通过独立完成教师布置的学习任务以及参照课外辅助材料对课堂内容进行自我学习,内化吸收成为自己的知识,在思考的过程中掌握学习内容。第三阶段是课堂讨论阶段,课堂讨论阶段可进一步细分成小组讨论和组间讨论。由于个人能力的限制,学生在自主学习的过程中难免会遇到无法解决的难题,学生针对自己的学习任务,以个人为单位,找出任务中的考查点,自己在完成任务的过程中遇到的需要寻求他人帮助的难点以及自我评价作业中出现的亮点,课堂上就“考难亮”三点进行课堂讨论。其中考查点可以用于学生间的学习成果检验,学生自己找出考查点,互相进行提问。难点可以用于学生间的互相帮助,相互解答。学生可以进行各自亮点的展示,亮点可以是自己自主学到的新知识点,也可以是极易被大多数学生忽略的细节知识。通过亮点展示,学生之间可以丰富知识积累,还可以针对知识点进行查漏补缺。①

对分课堂教学模式与传统教学模式最大的区别在于,由"以教师为中心"转变为以"学生为中心",整个课堂运转都是围绕着学生展开。将课堂时间总体分为两部分、三阶段。教师对课堂内容难点和重点进行详细讲解之后,便转变为课堂引导者,将课堂剩余时间全部交给学生。高等教育阶段的学生基本已经具备了独立学习的能力,可以独立完成学习任务。自主学习能力的培养不仅可以提高学生的学习效率,还能帮助其养成良好的学习习惯。

四、新冠疫情下韩国语写作教学方案

韩国语语言能力分为听、说、读、写、译五种能力,对于学生来说,写作部分在任何一种语言领域中都是一道难关。提高写作能力不仅要求教师需要具备较高的语言能力水平,对学生的语言水平要求也非常高。同时,对词汇、语法、句子结构、书面语与口语,甚至文化方面相关知识的熟练运用都是写作教育的重点和难点。传统的写作教育模式相对较固化,教学方式基本采取课堂教学,空间受限、趣味性较低,难以引起学生的学习兴趣。加之学习难度较高,甚至造成个别学生出现"谈写作色变"的消极学习态度。学习一门语言,听懂理解虽也很重要,但学会表达更为重要。听、读是一种输入能力,而说、写则是更高阶的输出能力。在新冠疫情爆发的特殊时期,课堂教学难以实现的情况下,要确保学生完成学习任务,线上教学是唯一方法。因此如何将以往侧重于课堂教学的韩国语写作教育与线上教

---

① 田青,闫清伟,张学新."对分课堂"教学模式的学理分析[J].高教论坛,2017(9):71-72.

学模式相结合，便是一个全新的教育课题。值得参考的是，线上教学和线下教学都是教学模式，两者都具备最基本的模式内容，即教学目标的设定、教学原则、教学模式以及具体的教学过程。

（一）写作教学目标

线上教学与传统线下教学面向的学习对象以及需要讲授的学习内容基本一致，韩国语写作线上教学的目标也与线下教学基本保持一致。以北京第二外国语学院和四川外国语大学为例。

北京第二外国语本科专业的韩国语写作教学目标是培养学生的韩国语基础写作能力，其中包括与日常生活关系密切的简单叙述文、书信作文等；培养学生选择主题、组织内容等基本的写作能力；通过分析和理解真实文本、学习语言表达方式培养学生的表达能力。主要是帮助学生们理解应该写什么、应该怎样写，并围绕其展开相应的训练，提高学生应对高级韩国语能力考试的能力。

四川外国语大学本科专业开设《朝鲜语写作》课程，教学目标是培养学生用韩国语进行思维的能力，从而使学生掌握各种类型文章的写作格式，为形成良好的书面交际能力打下坚实的基础。

（二）写作教学原则

1. 以学生为中心

课程主要以学生为中心。教师提前上传视频，线上讲授课堂内容；学生后期自主通过视频进行消化、吸收。通过学习内容独立完成课程任务，针对课程任务进行小组或组内讨论，整理出各自的“考难亮”。

2. 以课程任务为中心

课程时间的设置不以单纯的时间为限制，一次课程任务的完成即一堂课的结束。教师上传的视频内容围绕着写作课程任务展开，讲解与任务相关的延伸单词、语法、文化知识等内容。学生根据提示内容独立完成写作课程任务，针对写作课程任务进行仔细研究，并进行课堂讨论。

3. 以课堂为中心

学生根据教师课上讲授的知识自主完成写作课程任务,针对线上小组或者组内讨论之后的结果,在线上课堂再次进行讨论。

(三)写作教学模式

写作教学模式采用的是慕课与“对分课堂”结合的教学模式。

慕课包括自主学习模式和翻转课堂模式两种教学模式。自主学习模式和翻转课堂模式都是以学生为中心。自主学习模式指的是学生进行自主学习,可以通过教师上传在慕课的视频进行内容学习,课下完成教师布置在平台上的作业以进一步巩固学习内容。自主学习过程中若遇到自己无法解决的困难,首先可以通过线上平台与其他同学进行交流,尝试自主解决问题。如果问题顺利得到解决,及时记录,在解决问题过程中学习印象就会更加深刻,对问题的理解也会更加深入。如果问题还得不到解决,就可以在翻转课堂上向教师请教。翻转课堂模式中的“翻转”指的是将以教师为中心的教学模式转换为以学生为中心。翻转课堂模式中,课前学生提前自主选择时间学习线上平台视频,课内学生分享其在自主学习过程中遇到的难点,教师对此进行解答。

将慕课的自主学习模式与“对分课堂”的两个过程进行结合。慕课的自主学习模式下,教师将课前导入阶段以及需要强调的课堂内容,提前进行录制,上传至慕课。视频中除包含视频、音频或阅读材料的课前导入,重点、难点的讲解,还可以提出与课程内容相关的问题,引导学生在完成课程任务的过程中理解知识点。学生根据个人时间安排,在规定时间内合理安排时间自主学习教师上传的视频,完成教师布置的写作课程任务,整理出个人写作任务中出现的“考难亮”点,组内讨论“考难亮”点,将讨论结果一并提交教师审阅。

将慕课的翻转课堂模式与“对分课堂”的第三阶段——学生的课堂讨论相结合。在线下上课无法实现的情况下,教师可以通过线上课堂的方式,针对学生对课程任务的理解状况、提交的作业情况、关于“考难亮”组内讨论情况等方面,与学生进行讨论,并且对课堂内容进行总结与补充。

(四)写作教学过程

1. 教师的课堂讲授(录课上传至慕课)

(1)课程导入:音频、视频或课外读物。

(2)讲解与课程相关的单词、语法重点、难点以及文化知识。

(3)布置写作课程任务。

2. 学生课后内化吸收(慕课及线下自主学习)

(1)观看视频。

(2)完成写作任务。

文章构思阶段:列出提纲以及段落大意。

文章起草阶段:格式、连接词尾以及词汇的搭配使用。

文章修改阶段:自我评价,进行修改。

(3)整理“考难亮”点。

(4)就各自“考难亮”点,课下组织组内讨论,组内总结。

3. 课堂讨论(慕课直播)

(1)教师点评学生任务完成情况。

(2)学生就组内“考难亮”点进行组间讨论,教师就讨论情况进行点评并总结。

(3)学生自我总结经验以及教训,生成学生个人专有的写作总结本。

五、结语

新冠疫情下,线上教学成为一种教学新模式,为确保“停课不停学”,探索线上教学新模式刻不容缓。

本文针对新冠疫情下韩国语写作教学,以慕课和对分课堂为研究对象,探索对韩国语写作教学线上教学方式。本文分为五部分内容,第一部分是研究目的及意义。第二部分是大学韩国语写作教学现状,简单分析了大学韩国语教学现状存在的问题。第三部分是理论背景,具体介绍了慕课以及对分课堂的具体实践方式。第四部分是新冠疫情下,韩国语写作教学方案,主要包括写作教学目标、写作教学原则、写作教学模式以及写作教学过程。第五部分将慕课和对分课堂相结合,探索韩国语写作线上教学新模式。

基于网络平台的韩国语会话教学策略研究*

杨小寒[①]　黄进财[②]

（四川外国语大学东方语言文化学院 重庆 40031）

摘要：随着现代科技的发展，网络平台不断影响着人们的学习生活，逐步改变了传统的教学方式，在知识传播和教学中占据着越来越重要的地位。据不完全统计，全国约有124（2021年）所院校已开设了韩国语专业。韩国语作为近年来最热门的小语种之一，市场对韩国语人才的需求也在逐年增大。而韩国语会话教学的开展，更是对提升学生的韩国语综合应用能力起到了至关重要的作用，有助于学生更好地就业。本文结合当下国内韩国语会话教学现状，分析其当前存在的不足，提出基于网络平台的韩国语会话教学策略和教学活动，旨在优化和创新韩国语会话教学手段，推动国内韩国语会

* 四川外国语大学 高素质复合型朝鲜语国际化人才培养教学团队成果之一。

① 杨小寒，女，1996年生，四川外国语大学2019级朝鲜语笔译硕士，韩国外国语大学在读博士。

② 黄进财，男，1978年生，硕士，四川外国语大学韩国语专业教授。主要研究方向：韩国语教育、中韩互译、中韩语言、文化比较、区域国别研究。

话教学发展。

关键词:网络平台　韩国语会话　教学策略

一、绪论

中韩自1992年建交以来,两国在文化、经贸等方面的交流不断加深,在各方面的合作都取得了突飞猛进的发展。在这样的大背景下,市场对复合型韩国语人才的需求也大幅增加。会话课一直是韩国语教学中一项至关重要的课程,但相较语法、阅读、写作等课程,国内韩国语会话教学的现状一直不容乐观。目前,国内会话教学模式和手段缺乏创新,教学内容和目标尚不明确,教学效果仍未达到令人满意的水平。本文将根据当前国内韩国语会话教学现状中存在的问题,探讨如何将网络平台与韩国语会话教学有机结合,为今后开展基于网络平台的韩国语会话教学建言献策。

二、韩国语会话教学现状

(一)教学模式固定

纵观我国的韩国语教学发展进程,会话可以说一直都是韩国语学习者的弱项。尤其是对于非朝鲜族的学习者来说,日常生活中缺少可供练习的语言环境。而会话课堂的教学也以教师讲授为主,即以"单向灌输式"的教学模式授课。学生很少有开口练习韩国语的机会,长期以来一直都处于单方面被动接受知识的地位。久而久之,学生自然就失去了在课堂上主动开口说韩国语的信心和勇气,更不用提课后进行自主练习,更有甚者还会出现厌学情绪,从而形成一个恶性循环。

(二)教学手段落后

尽管互联网和网络教育平台已经在众多院校中得以推广和普及,但在国内韩国语会话课堂中,更多采用的还是较为传统的板书或简单的授课手段。如教师运用课件,或者学生跟着音频内容进行模仿学习等。相比英语、日语等其他语种教学来说,韩国语会话教学所采用的教学手段还处于比较落后的水平,课堂上利用互联网或网络平台授课的频率并不高。

(三)教学内容不合理

在国内的韩国语会话教学中,教师更多地将会话课当作精读课的延伸内容。有的教师在上课时更侧重于讲解精读课上所出现的词汇或语法知识点,导致学生练习会话的机会大幅减少。也有教师在会话课上过分侧重学生能否实现对所学内容的准确运用,忽视了引导学生积极开口进行会话练习。另一方面,教师由于过分注重学生遣词造句的正确度,往往忽视强调中韩语言文化和社会背景差异的重要性。这使得学生不清楚什么场合该说什么话,跨文化交际的能力明显不足。此外,教师在授课时过分遵循教材内容,较少结合时下的社会热点。韩国语会话教材中书面语较多,且由于国内韩国语会话教材更新较慢,教材内容大多过时。这导致学生在实际运用时难以区分书面语和口语,再加上学习内容与当下的社会发展脱节,一些学生在经过一段时间的学习后,极有可能会认为所学内容不实用,进而丧失学习兴趣。

(四)教学目标不明确

韩国语会话课程是韩国语学习者的一门必修课程,是提升学生会话能力最直接有效的手段,其重要性自然不言而喻。然而在实际教学中,却一直存在教学目标不明确的现象。比如,教师并未明确各阶段的会话教学目标,以及水平不同的学生在不同阶段应达到什么样的水平,致使学生对自己的定位不明确,难以通过韩国语会话课有效提高会话水平。此外,随着中韩交流不断加强,两国在文化、经济、贸易方面的往来也越来越频繁。当前发展趋势表明,仅仅具备外语能力在日渐激烈的市场竞争中已经不再占据优势。当前市场急需的不是外语人才,而是兼具外语能力和其他学科知识的复合型人才。但是,在国内已开设韩国语专业的各大院校中,却很少有院校专门针对某一领域培养复合型韩国语人才。

（五）教学效果不明显

当前国内韩国语会话教学中，每周 1~2 节的会话课几乎都是以“一对多”的形式授课，再加上多采用以教师为中心的“单向灌输式”的授课模式，难以保障每个学生都能在有限的授课时间里和老师进行口语交流和互动，学生的综合会话水平难以得到锻炼。长此以往，学生进一步学习的欲望低迷，教师也难以通过会话课激发学生的学习兴趣和会话练习欲望。

三、基于网络平台的韩国语会话教学策略

（一）创新教学模式

在创新韩国语会话教学模式方面，应该尽量规避原有的“以教师为主”的教学模式，避免整个课堂都是学生围着老师转。现在的会话教学应该朝课堂上“以学生为主”的方向逐步过渡，充分调动学生上会话课的积极性，鼓励学生大胆开口说，让学生产生会话交流的欲望，而不再只是被动式地接受会话知识灌输。

（二）创新教学手段

在国内高校大力普及互联网和网络教育平台的大背景下，当前的韩国语会话教学也应与时俱进，大胆创新。韩国语会话教学应该摆脱传统落后的教学手段的限制，也不应该仅仅局限于课堂教学范围之内，而应积极引进和创新更具实践意义的教学手段，充分利用网络平台提供的广阔学习途径和资源。如学生可以跟着趣味视频进行跟读、模仿，等等。以此来全方位训练学生的会话能力，进一步优化韩国语会话学习环境，为学生提供更好的语境。这样不仅能激发学生在会话课堂上的积极性和学习兴趣，还能让学生在课后也能自主通过网络平台加强会话练习。

（三）创新教学内容

首先，韩国语会话课应该更注重培养学生大胆开口说的能力，不应过

分关注学生在单词或语法运用时所犯的小错误，以免打击学生的自信心，从而导致学生不敢在课堂上，以及课堂外用韩国语进行交流。另外，当前国内韩国语会话教材更新较慢，多数院校使用的仍然是多年前的教材。因此，韩国语会话教学的内容不应仅局限在教材内容上，教师应充分筛选、利用网络平台上海量的文字、语音、视频资源，积极引进更多结合了时下社会热点的教学内容，甚至是最新的流行语，让学生能将课堂上所学的会话知识过渡到生活实践当中，达到学以致用的目的。最后，教师还应注重扩充学生的文化知识。中韩两国虽然都同属于东亚文化圈，但由于两国的国情和社会背景不同，在语言文化方面一直存在着各种各样的差异。教师应该在会话教学中利用网络平台上的资源，生动形象地向学生介绍中韩语言文化上的差异，让学生深入了解韩国语的表达习惯，如日常生活中频繁使用的委婉表达、敬语和非敬语、省略现象等。只有让学生习惯韩国人的思维方式，明白在与韩国人的交流中什么时候该说什么、怎么说，方能有效避免在会话实践中误用中式韩国语表达，进而增强学生的跨文化交际能力。

（四）明确教学目标

韩国语会话教学中，教师应参考其他韩国语课程的教学进度，并结合会话课程的教学内容，制定出不同阶段的教学目标。并且，由于学生水平不同，不应该图方便直接以统一标准要求所有学生，而是应该明确不同水平的学生处于不同阶段时，其分别应具备哪种程度的会话能力。教师应帮助学生明确个人的会话水平定位，不断鼓励学生加强韩国语会话练习，增强学生的自信心，不断提升韩国语会话能力。此外，韩国语会话教学应面向市场需求，朝着更加有针对性的方向转型，将教学目标明确定位在培养某一领域的复合型人才上，让学生在进入社会后能更具优势，真正实现“学以致用、用以促学、学用相长”。

（五）利用网络平台加强互动

国内院校的韩国语会话课程安排一般为每周 1～2 节，教师很难做到在课堂上照顾到每一位学生，学生也难以在有限的授课时间里实现和教师、同学之间的有效互动。所以,为了应对课堂学习时间不足的缺陷,应该充分利用网络平台可实现即时互动的优势,为学生提供在课堂之外也能进行会话学习的机会。同时,在会话教学中结合网络平台,也能加强教师和学生、学生和学生在课堂之外的有效互动,促进学生综合会话水平的提升,将教学效果最大化。

四、基于网络平台的韩国语会话教学活动

针对上述利用网络平台优化韩国语会话教学的策略,有必要制定相应的教学活动。本文将基于网络平台的韩国语会话教学活动大致分为三个阶段,即课前预习阶段、课堂应用阶段和课后强化阶段。其中,课前预习阶段又可分为教师准备阶段和学生预习阶段两个阶段;课堂应用阶段则分为学习内容导入阶段和展开阶段;课后强化阶段分为学生复习阶段、学生实践阶段和教师反馈阶段。

(一)课前预习阶段

课前预习阶段包括教师准备阶段和学生预习阶段。教师准备阶段,即在会话课开始前的一定时间以内,教师通过网络平台向学生发布下一次课的学习主题,利用网络平台提供相应的学习资料,给学生安排预习任务,并提出相应的学习目标。例如,教师发布主题为“旅行”的学习内容,给学生提供网络平台上关于“旅行”的文字或视频资料。学生预习阶段,也就是学生针对教师发布的学习主题和资料,利用网络平台提前进行课前预习和准备工作。比如,学生也同样通过网络平台提前了解“旅行”相关的词汇及表达,形成相应的知识体系,并尝试用韩国语制定旅行计划,在下一次会话课堂中与教师和同学就此展开会话交流。

(二)课堂应用阶段

课堂应用阶段主要是教师检测学生的课前预习成果,针对学生在预习过程中常见的疑难点进行答疑解惑,并进一步讲解学习内容,让学生进行课堂会话实践的阶段。课堂应用阶段分为学习内容导入阶段和展开阶段。

导入阶段，即教师检验学生的课前预习是否做得到位。比如，针对所要求预习的文字或视频资料，教师可以设定一些趣味性的问题要求学生回答，或是请学生分享自己提前准备的单词及表达，以此来检验学生的课前预习效果。展开阶段，就是教师在对学生的预习成果进行大致的整理后，解答学生的疑难点，并利用网络平台资源将其拓展延伸至本堂会话课所涉及的知识点，同时发布当堂课的会话练习任务。比如，让学生分享自己的旅行计划，或是综合运用与“旅行”相关的词汇及表达，分组进行小组会话练习，并在课堂上展示练习成果。

（三）课后复习阶段

课后复习阶段，即学生在会话课结束后针对当堂课所学的内容进行自主复习和课后强化的阶段。课后复习阶段包括学生复习阶段、学生实践阶段和教师反馈阶段。学生复习阶段是学生在会话课结束后，整理和复习当堂课的知识点，查漏补缺。比如，学生在课后整理课上出现的词汇及表达，完善笔记等。学生实践阶段，即学生完成教师布置的课后会话实践任务的阶段。如学生分组编写对话，并将对话内容录音后进行自我评价，尝试找出自己在实际会话过程中的发音或表达错误。最后，教师反馈阶段，则是教师对学生的会话实践成果做出评价的阶段。学生将已录音的对话内容通过网络平台发给教师，教师也同样通过网络平台对其内容做出评价，并给出改善意见，帮助学生发现问题和完善不足。

五、基于网络平台的韩国语会话教学注意事项

（一）注重教师的引导作用

韩国语会话教学应摆脱过去以教师为主的教学模式和传统的教学手段，引进当下广为普及的网络平台。但是，这并不意味着教师在会话课堂中的角色和地位被弱化。基于网络平台的韩国语会话教学，不代表网络平台成为会话课堂的主体，而应该是教师起引导作用，注重和学生的互动与交流，引导学生自主学习，让学生养成主动思考和积极实践的好习惯。

(二)注重网络平台和现有教学手段的有机结合

网络平台被引进韩国语会话教学后,将会使得学生不再被动式地接受知识灌输,也能提高学生的学习效率,极大程度上优化教学效果,这一点是不可否认的。但是,在实际教学实践中,网络平台也并非适用于每一堂会话课。尽管网络平台具有众多的优点,但其也只是一种较为先进的教学辅助手段,在实际运用过程中要注意“适当使用”“适时使用”和“适度使用”,做到将网络平台和现有教学手段有机结合。

(三)注重网络平台的使用频率

网络平台在韩国语会话教学实践中并不是用得越多就越好。教师在会话课堂上通过网络平台向学生展示教学内容,确实会比传统的教学方式更为生动有趣,从一定角度来看也可以迎合学生的喜好,从而激发学生的学习兴趣。但与此同时,如果韩国语会话教学实践中网络平台的使用频率过高,也会导致学生对网络平台产生过度依赖的情绪,不利于培养学生主动动脑思考的能力。所以,在韩国语会话教学实践中,还要时刻注意网络平台的使用频率。

六、结论

综上所述,会话能力是判断学生韩国语综合应用能力的重要指标之一。但是,我国韩国语教学起步相对较晚,并且国内韩国语会话教学的地位和发展情况相较于精读、写作、阅读等课程来说也并不理想。近年来,中韩关系取得了突飞猛进的发展,为韩国语学习者带来了更大的机遇,同时也意味着韩国语学习者正面临着更大的挑战。今后,市场需要的不只是外语人才,而是综合能力出众的复合型人才。这也就对韩国语会话教学提出了更为具体和难度更大的要求。形势在变、任务在变、工作要求也在变,那么国内韩国语会话教学也应该准确识变、科学应变、主动求变。国内韩国语会话教学应该顺应当前教育改革的趋势,在现有的教学基础上有机结合网络平台,充分利用网络平台上大量的资源,对教学模式和教学手段进行创新,明确教学目标,合理安排教学内容,不断探索具有实践意义的教学策略和教学活动,使得基于网络平台的韩国语会话教学效果最大化。与此同时,不但要明确网络平台在韩国语会话教学中所承担的角色,还要明确网络平台作为教学辅助手段的地位。切忌在教学实践中过度依赖网络平台,而模糊了教师和学生在会话教学中的主体地位。

总之,会话教学作为韩国语教学的重点内容,应对其引起高度重视,充分利用可利用的一切资源,不断探索新的、有意义的教学方式,以推动国内韩国语会话教学的发展,切实提升学生的韩国语会话能力,帮助学生更好地择业、就业。